此书是基于"2022年成都市哲学社会科学规划项目"——
《基于未成年人积极心理品质培养的家庭教育指导服务体系建构研究》而编撰。
项目编号：2022CZ088

读懂
孩子的心语

叶树文　主编

四川科学技术出版社

图书在版编目（CIP）数据

读懂孩子的心语 / 叶树文主编. -- 成都：四川科学技术出版社，2024.9. -- ISBN 978-7-5727-1504-4

Ⅰ . G444

中国国家版本馆CIP数据核字第2024P97P64号

读懂孩子的心语
DUDONG HAIZI DE XINYU

主　　编	叶树文
出 品 人	程佳月
策划编辑	林佳馥　鄢孟君
责任编辑	潘　甜
助理编辑	赵　成　余　昉
封面设计	成都编悦文化传播有限公司
责任出版	欧晓春
出版发行	四川科学技术出版社
	成都市锦江区三色路238号 邮政编码 610023
	官方微博 http://weibo.com/sckjcbs
	官方微信公众号 sckjcbs
	传真 028-86361756
成品尺寸	170 mm × 240 mm
印　　张	11.25
字　　数	225千
印　　刷	四川华龙印务有限公司
版　　次	2024年9月第1版
印　　次	2024年9月第1次印刷
定　　价	58.00元

ISBN 978-7-5727-1504-4

邮　　购：成都市锦江区三色路238号新华之星A座25层 邮政编码：610023
电　　话：028-86361770

■ 版权所有　翻印必究 ■

编 委 会

主　编：叶树文
副主编：高　霞　邹　丽
编　委：张家明　文　波　杨　伟
　　　　李　翔　刘鸿博

序

家庭，是孩子健康成长的第一课堂，家长，是孩子健康发展的第一任老师。家庭教育是社会教育和学校教育的基础、补充及延伸，良好的家庭教育对孩子的全面发展和健康成长具有重要影响。孟子曰"天下之本在国，国之本在家"，《三字经》有言"养不教，父之过"，可见，中华民族素有重视家庭教育的优良传统。尽管如此，随着当前社会经济加速发展、社会竞争压力激增，我国当前的家庭教育现状，尤其是家长的心理健康和教养能力状况不容乐观，"教育焦虑"愈演愈烈，不仅导致家长教养压力急剧上升，也成为儿童和青少年出现心理问题的根源之一，已受到各部门高度重视。《中国儿童发展纲要（2021—2030年）》《中华人民共和国家庭教育促进法》《关于开展家庭教育指导工作的意见》等文件和法规的出台，表明家庭教育由"家事"上升为"国事"，家庭教育肩负着家庭幸福、民族进步和社会和谐的时代使命。

这本家庭教育案例集的影响无疑是多重而深远的。编者秉持着"用一个灵魂唤醒另一个灵魂"的教育理念，以培养具有健康心理、积极人格和全面发展的社会主义建设者和接班人为目标，着重引导家长关注孩子的心理健康，培养孩子积极的个性品质和良好的心理素质，同时强调品德修养和社会责任感的养成，以及重视个性化发展与多元能力提升。书中生动的教育案例，不仅是家庭教育智慧的凝聚与传递，更是现代家庭教育理念的演绎与示范。它生动践行了《中华人民共和国家庭教育促进法》，对于缓解"教育焦虑"具有积极作用。

本书收录了丰富的家庭教育案例，涉及"情感沟通与亲子关系""自我探索与信心培养""学习习惯与教育方法""品德养成与价值观塑造""生活技能与自理能力"五大主题，涵盖了幼儿园至中学不同年龄阶段、不同家庭类型的教育经验和智慧。每个案例都是一次家庭教育的精彩实践，蕴藏着宝贵的家庭教育启示。书中的每一个案例均采用"情景再现、案例分析、应对措施、效果呈现、总结反思、专家点评"六维一体的呈现模式，具有理论与实践兼备的特色，使读者能够全面、系统地认识和掌握家庭教育的方法。书中的案例以积极心理学的视角解读与赋义，以乐观向上为基调，使读者能够从促进个体发展、提升幸福感和心理健康的角度科学、积极地开展家庭教育实践。

书中的案例深入浅出、科学严谨，不仅有助于家长及老师开展日常教育和辅导，也可以为教育领域及心理学领域的从业者进行专业案例解析所用。

每个平凡的家庭都蕴藏着无尽的可能，这不仅是家庭的力量，更是家庭教育的魅力所在。此书是一场关于爱与成长的奇妙律动，愿它能给每个家庭带来启迪，让家庭成为孩子健康成长的温暖港湾，让家庭教育成为社会进步和国家强盛的助推器。

谨以此序向所有关注家庭教育的同仁致敬！

郭 成

西南大学心理学部 教授 博士研究生导师

2024年5月8日

目　录

幼儿园

探索·陪伴　蹲下来和孩子身心同频 003
01　小小的我，大大的改变 007
02　让入园焦虑不焦虑 014
03　巧用家庭教育智慧，解密孩子爱打架的原因——家长教育案例 020

小　学

欣赏·鼓励　在身旁和孩子身心同行 029
04　爱，是一切的答案 035
05　"多余的孩子"不多余 042
06　接纳不完美　找到成就感——家长如何摆脱"学习焦虑"的家庭指导 052
07　小"火"龙变形记 060
08　消失的头发 068
09　以爱滋养，向阳生长 075
10　化解一场"游戏危机" 083
11　被爱治愈的坤宝 091
12　克服自卑心理，学会接纳自己 099

中　学

引领·支持　在背后和孩子身心同向..........109
13　用耐心、细心、爱心浇灌每一朵花..........114
14　别让微笑掩盖了抑郁..........121
15　点亮父爱的光，照亮孩子的心..........127
16　与爱同行，共育花开..........134
17　让每一朵花灿烂绽放——记一个被父母放弃的孩子..........143
18　潜移默化地改变阿斯伯格综合征孩子..........151
19　子女是箭，父母当弓..........159

后　记..........169

幼儿园

探索·陪伴
蹲下来和孩子身心同频

> 活动是认识的基础,智慧从动作开始。——皮亚杰

中国古人对儿童教育有个共同的认识:"三岁看大,七岁看老。"关注其合理性一面,我们不难发现,儿童3至6岁的这一成长期对今后人生的影响极其深远。因此了解学前期儿童身心发展特点与规律是开展科学教育的前提。在教育部印发《3—6岁儿童学习与发展指南》(以下简称《指南》)后,我国当下的幼儿园教育在管理理念、课程设置和活动设计等方面已经比较规范和科学。然而在家庭教育中明知故犯、经验主义、情绪失控等家庭教育问题依然存在。父母懂得、理解并运用适合的儿童教育理念与方法,成为儿童健康成长的重要影响因素。因此,学校如何做好家庭教育指导、家长如何切实履行家庭教育主体责任成为教育领域需要重点关注的话题。

------------【心理现场】------------

成成是个小男孩,3岁,特别邋遢,整天喜欢趴在地上观察各种小动物,双手经常不干净,稍微不注意就会把不干净的东西带到嘴巴里,因此常常生病。身体不适情绪就不好,他常在家大喊大叫,大哭大闹,情绪容易冲动,而且常常因为得不到自己想要的东西就哭闹不停。父母安抚无效后,转而用严厉的呵斥、责骂、打屁股的方式进行教育,这些方式有一定

的效果，但是父母担心会给孩子带来心理阴影，因此感到很矛盾。

都都是个4岁的女孩子，特别喜欢听故事、唱歌和跳舞，多次参加幼儿园的舞蹈节目，能说会道，讲故事生动，唱歌也很甜，还特别乖巧，是家里特别招人喜欢的小公主。不过，都都常和家里大她2岁的哥哥争东西、抢说话，常发生矛盾，且6岁的哥哥情绪一激动就要动手打人，他们的父母为此特别烦恼。女儿常说哥哥欺负自己，儿子常说父母爱妹妹不爱自己。都都的父母感到很茫然。

对待以上情况，如何处理才是科学、有效的呢？这就需要我们深入学习该年龄段儿童的身心特点，依据规律因材施教。

------【 身心特点 】------
3~6岁儿童身心发展特点

该阶段儿童的身心特点主要表现为具有强烈的探索欲和行动力，因此家长要做好科学、高效陪伴的准备。蹲下身、沉下心和孩子身心同频，回到儿童时代去体验孩子的世界，感受孩子的感受。该阶段儿童身心发展特点如下：

1. 在身体发育上，该阶段儿童仍然需要通过均衡膳食、加强营养和积极运动来增强体质，通过增强体质促进儿童扩大探索空间，获得舒适的身体感受，进而获得积极的情绪体验。因此养成良好的卫生习惯、作息习惯，防止疾病的入侵是教育的重点，但也要防止过度保护使孩子丧失主动、积极探索的欲望。

2. 在心理发展上，儿童心理学家皮亚杰认为该阶段处于儿童前运演阶段。这个阶段的儿童开始以符号为中介来描述外部世界，表现在儿童的延缓模仿、想象或游戏之中。儿童的情绪表达方式、语言表达方式、行为其实大多数都是从养育他的亲人身边习得的，他们会在模仿的基础上增加很多自己想象的内容，且通过游戏来演绎。此时的教育言传身教很重要，家长务必重视自己的行为。弗洛伊德还将此阶段归纳为性器期。性器期是儿童获得主动感和克服内疚感的关键时期，儿童通过主动行为获得成功体验后就会逐步产生自信心和责任感，反之则容易产生内疚感，因此允许和鼓励儿童去尝试对培养积极心理品质有至关重要的作用。

【家校共育建议】

1. 父母和老师都要了解幼儿的学习方式和特点。幼儿是以直接经验为基础认知世界的，因此，父母和老师要重视游戏的独特价值，最大限度地支持和满足幼儿通过直接感知、实际操作和亲身体验获取经验的需要。父母和老师可以通过设计和组织各种游戏、活动来帮助幼儿探索未知的世界，观察幼儿的兴趣点，在幼儿感兴趣的领域给予其积极的支持，利用兴趣这个最好的老师来为幼儿指引方向。此时的教育重点是满足幼儿的探索欲，严禁"拔苗助长"式的超前教育和强化训练。比如案例中的成成，虽然趴在地上观察小动物、不喜欢洗手等可能会导致细菌入侵身体，但不能因此剥夺其对大自然和未知领域的好奇心。父母和老师应该积极鼓励幼儿去观察大自然，同时培养幼儿讲卫生的习惯。

2. 父母要积极参加学校开放日活动，参加亲子游戏，了解幼儿在家里和在幼儿园的不同表现，进而思考应对孩子的哪些行为习惯进行重点培养，比如培养整理房间的习惯、自主自理的生活技能、参与家务劳动的习惯等。

3. 该阶段幼儿的模仿意识和能力都特别强，且情感体验逐渐丰富，但情绪管理能力弱。家长和老师的言传身教特别重要，家长一定要加强自身修养、严于律己，家庭成员之间的互动模式、家庭氛围直接且深刻地影响幼儿的表达方式、性格特点、行为习惯等，而且劳动习惯、说话方式（语气语调）、情绪表达方式、思维风格等均会在此阶段奠定基础。

4. 关注幼儿学习与发展的整体性。儿童的发展具有整体性，要注重领域之间、目标之间的相互渗透和整合，促进幼儿身心全面协调发展，而不应片面追求某一方面或几方面的发展。

5. 尊重幼儿发展的个体差异。幼儿的发展过程是持续的、渐进的。每个幼儿在沿着相似进程发展的过程中，各自的发展速度和到达某一水平的时间不完全相同。要充分理解和尊重幼儿发展进程中的个别差异，支持和引导他们从原有水平向更高水平发展，按照自身的速度和方式到达《指南》所呈现的发展"阶梯"，切忌用一把"尺子"衡量所有幼儿。比如案例中的都都和她的哥哥，虽然相差2岁，但在情绪感知和语言发展方面，都都明显要优于哥哥，在行为控制能力和边界意识方面，妹妹也要强于哥哥，如果家长用同一标准去衡量这两个孩子，势必对他们的身心造成伤害。

01 小小的我，大大的改变

一、情景再现

轩轩是班上较为活泼的一个小朋友，但经常会因为同伴的一句话，自己的不顺心，不愿意收玩具，不愿意分享等发脾气，经常会将教室变成"垃圾堆"，变成自己情绪的发泄地，也常常一发脾气就拼命往学校门口冲，不愿意午睡，带动其他小朋友一起唱歌等。

情景一：噼里啪啦的桌椅声

在餐前，我正在组织幼儿们进行"击鼓传花"的游戏，游戏规则是：幼儿需要根据击鼓的声音传递手中的小熊，当鼓声停止时，小熊在哪个幼儿手中，哪个幼儿就要进行表演。当幼儿们玩得正投入、兴趣很高的时候，轩轩突然将椅子举起又摔下，并跑到身后将桌子连续用力抬起再放下。这时其他幼儿停止了手中的游戏，向轩轩投去疑惑的目光。我赶紧通知正在餐前消毒的保育老师带领其他幼儿继续游戏。为保护轩轩的自尊心，我将轩轩带到图书区的沙发上，询问情况。

轩轩坐在沙发上，看起来很生气，对我爱搭不理。

我：刚才怎么一下就把椅子摔了，你看椅子都受伤啦！

轩轩：双手一抱，"哼"的一声将头扭向了左边。

我：那这样，你在我耳边悄悄地告诉我，可以吗？

轩轩：慢慢扭过头看了看我，还是不肯开口。

这时我将耳朵靠近轩轩的嘴巴，轩轩嘟着小嘴小声地说："××说我把小熊拿到手里，不给他。我只是想表演，所以我将小熊放在我手里面。

我有些不开心，所以……"

情景二：教室大变身

户外活动结束后，保育老师带领部分幼儿在教室有序地排队接水、喝水，而我正带领一部分幼儿从盥洗室回到教室，当我跨进教室的那一刻，耳边传来幼儿们投诉的声音："老师，轩轩在玩水。""而且他还插队。""对，他刚才还推了我。"轩轩大声吼叫道："我没有，根本没有。"其他幼儿回应道："你刚才就是插队了，你没有排队。"

这时轩轩跑到了离自己最近的美工区，站在材料柜旁，双手不停地交替着将各种美工材料往身后抛去，不一会儿美工区附近的地上就堆满了纸盘、卡纸、黏土、纽扣、雪糕棒、瓶盖等材料，轩轩看材料柜上离自己较近的材料已经扔完，便快速跑到旁边将餐具扔到地上。

情景三：演唱会式的午睡室

轩轩每天午睡入睡较晚，平时都是老师在床边陪伴着轩轩，哄他入睡，短至一个小时，长至整个午睡时间。今天保育老师和坐班老师进行学习培训，只有一个老师守幼儿午睡，我帮助其他幼儿整理好被子后便端了张椅子坐在轩轩的床边哄他入睡。半个小时过去了，有幼儿尿床了，我便告诉轩轩："你先乖乖躺在床上哦，我一会儿就来。"我刚走开，轩轩就站起来在床上跳，我说："你快躺下，待会儿感冒了，这样也会影响其他小朋友睡午觉。"

轩轩听到这句提醒的话后，瞬间不高兴了，在床上跳的声音越来越大，将被子披身上作为披风在午睡室里跑来跑去，将枕头抛来抛去，嘴里还发出声音。将其他已经午睡的幼儿吵醒后，轩轩更兴奋了，并带着其他幼儿唱歌，甚至站在床上挥动被子和枕头，经过提醒后其他幼儿没有跟随轩轩一起，轩轩就一个人大声唱歌，扔东西，在午睡室内跑。

二、案例分析

我通过观察，以及与轩轩的父母沟通后，发现轩轩乱扔东西、乱发脾气的原因如下。

（一）家庭因素

（1）父母的引导方式不恰当

与轩轩的父母沟通后我了解到，轩轩的妈妈特别喜欢用奖励的方式和轩轩交谈，但不采取行动，例如，"轩轩，如果你这样，我就给你看电视，我给你买冰淇淋，我带你去玩儿"等等。轩轩按妈妈说的做了，但妈妈并没有兑现承诺。

（2）父母情绪控制能力较弱

轩轩生气时会用不文明语言。当轩轩犯错时，轩轩的爸爸会采取暴力的方式，通过打骂对轩轩进行教育。我了解到这些不文明语言，以及有些行为习惯，大多是轩轩从父母身上模仿来的。此阶段幼儿的身心特点正属于爱模仿的阶段，父母在幼儿面前应该保持良好的情绪，为幼儿做好榜样示范。

（3）长辈的溺爱

由于近段时间父母工作较忙，轩轩由爷爷奶奶带的时间居多，加上轩轩是家里的独生子，爷爷奶奶溺爱，把轩轩当作"宝贝"，无条件满足轩轩的所有要求。轩轩需要什么，爷爷奶奶就给什么，当轩轩犯错误、发脾气时，爷爷奶奶第一时间包庇、纵容，一旦轩轩的不正当需求得不到满足时，他就会产生不良的情绪，用发脾气、乱摔东西、哭闹来获得爷爷奶奶的帮助。

（二）自身因素

（1）幼儿自身情绪自控能力较弱

轩轩正处于以自我为中心的年龄阶段，好胜心强，缺乏耐心，做事情急躁，遇到一点不顺心的事情情绪容易失控，不会主动想办法解决问题，所以会出现扔东西、乱发脾气的现象。

（2）消极情绪的宣泄

轩轩经常会因为某件事情或老师、同伴的一句话大发雷霆，与同学的关系不和谐，大部分幼儿对轩轩持有排斥的态度，不愿意和轩轩玩，因此，轩轩会采取一些不太好的方法来获得他人的关注。

三、应对措施

（一）转变家庭教育方式

（1）家长适当放手，不溺爱

李镇西老师说过："没有爱就没有教育。爱不是溺爱，而是严格要求，不能因为爱就放弃严格管理。"许多家长溺爱幼儿，包容幼儿的不良行为，导致幼儿遇到问题时，喜欢采用撒泼、乱发脾气等方式解决，寻求老师和家长的妥协。

老师应增加与家长沟通的频次，帮助家长了解幼儿在园的情况和表现，引导家长对幼儿的爱应该理智、耐心；引导家长尊重和信任幼儿，果断拒绝幼儿提出的不合理要求等；帮助家长了解溺爱对幼儿造成的消极影响，做到适当放手，才能助力幼儿健康成长。

（2）家长正确的言语引导

家长的教育方式会直接影响幼儿的行为，0~6岁是幼儿行为习惯、性格形成的关键期，幼儿在这个时期需要得到家长的良好教育，以形成健全的人格，不恰当的教育方式则可能导致幼儿出现行为障碍等问题。

当幼儿提出不合理的要求时，有些家长会采用"你怎么样，我就怎么样""你再这样，我就不给你买什么东西"的语言沟通方式，或在沟通时出现不文明语言，这些沟通方式不利于幼儿形成健全人格。所以父母在引导幼儿时应多采用鼓励、表扬等正面的语言，少用欺骗、不文明的语言，否则会导致幼儿出现"反正你每次都是这样说，每次都没有实现"等消极的想法，家长应多看到孩子的闪光点，理解孩子。

（3）家长做正确的榜样示范

家庭教育具有启蒙性、长期性、全面性的特点，此阶段的幼儿正处于爱模仿的阶段，家长正是孩子模仿的对象，父母就是最好的老师，在幼儿心中，家长的一言一行都是正确的，家长的行为方式会被幼儿模仿，所以父母应该做好榜样示范，合理控制自己的情绪，不采用暴力的方式解决问题，做好幼儿心理健康的引导者。

（二）绘本引入

《幼儿园教育指导纲要（试行）》中强调，幼儿园应"综合利用各种教育资源，共同为幼儿的发展创造良好条件"。老师可以利用绘本资源，深挖绘本的价值，借助绘本的力量，如引入相关情绪类绘本，让幼儿借助绘本内主人公的经历，了解发泄情绪的方法，帮助幼儿建立良好的行为习惯。

（三）"特别的我"主题背景下的心情故事

著名心理学家皮亚杰在"三山实验"中验证了幼儿思维具有自我中心性，所以我们在与这个年龄阶段的幼儿交流沟通时，应该从幼儿的视角出发，站在幼儿的角度看待问题。《指南》在健康领域的"身心状况"目标2中提到："5~6岁幼儿经常保持愉快的情绪。知道引起自己某种情绪的原因，并努力缓解。表达情绪的方式比较适度，不乱发脾气。能随着活动的需要转换情绪和注意力。"每个人都有不一样的情绪，那情绪是什么呢？如何表达情绪呢？当遇到坏情绪的时候又该怎么做呢？应该如何调节我们的情绪呢？情绪状态可能分为激情、心境、应激三类，围绕主题"特别的我"，开展"情绪有哪些""哭和笑""我的心情故事""菲菲历险记"等关于情绪的游戏活动，发现"情绪小怪兽"会因为不同的心情而变成不同的颜色，并用身体动作和表情表现情绪，这些游戏活动可以引导幼儿认识情绪，知道情绪有伤心、害怕、难过、开心等，帮助幼儿知道当遇到开心和不开心的时候该怎么做，应该如何调节情绪。在表达情绪的游戏活动中，引导幼儿明白每一种情绪都是正常的，学会接纳自己的每一种情绪；懂得保持良好的情绪，积极地寻找各种调节情绪的方法。

（四）"做情绪的小主人"的升旗仪式

在生活中，每个人都有一些负面情绪，那我们应该如何合理宣泄负面情绪呢？我借助主题晨会开展以"做情绪的小主人"为主题的升旗仪式，通过与幼儿父母沟通，引导幼儿进行"做情绪的小主人"国旗下的讲话，帮助幼儿知道合理宣泄情绪的方法。另外，通过与其他班级幼儿互动提问和开展音乐律动"1、2、3，我不生气"的表演，加深了全园幼儿对合理调节情绪的理解，知道怎样管理自己的不良情绪，做情绪的小主人。

（五）开展以"静"为主的活动

有的幼儿情绪易冲动、不稳定，因此在园期间可以多引导幼儿玩一些"静"的游戏，如棋类游戏等，这样可以提升幼儿的专注力、独立性，让幼儿感受平静，从而合理调节自己的情绪。

（六）老师的引导方式应科学、恰当

幼儿在认知发展过程中会出现个体差异，针对幼儿的个体差异，老师应因材施教。当幼儿发脾气时，老师首先应平复自己的情绪，主动与幼儿沟通，引导幼儿认识这种情绪发泄方式是错误的，不责备他们，鼓励幼儿说一说刚才发生了什么，刚才的行为是否正确，应该怎样做；引导幼儿控制自己的情绪，如使用转移法、冷却法、消退法等。

（七）帮助幼儿融入集体

例如，轩轩被班级内其他幼儿排斥，常常出现不愿意和轩轩做朋友的情况。因此，在幼儿园的一日生活中，老师可以利用游戏活动多给轩轩创造机会，如在餐前游戏"蛋炒饭"中，让轩轩作为厨师为小朋友们分发鸡蛋等，以此改善轩轩与其他幼儿之间的关系，使轩轩获得其他幼儿的信任与关注。

四、效果呈现

在一次线上家访中，在与轩轩互动时，轩轩很开心地与我分享起了自己的作品，说："佳佳老师，这是我的画，里面有好多好多的葡萄……"开学返园时，我正在幼儿园门口与家长进行家园沟通，突然一个小朋友跑过来抱住我的腿，一看原来是轩轩，露出他缺了两颗牙齿的笑容，随后我便和轩轩一同回教室，轩轩说："老师，我是大朋友了，我们的教室在二楼。"到了午睡时间，轩轩和之前一样不愿意午睡，但是这次他选择一个人安安静静地躺在自己的小床上，不影响其他小朋友午睡，这一点令我很吃惊。一天下来，轩轩虽然偶尔会有一点儿小调皮，但情绪控制方面有了很大的进步。

五、总结反思

幼儿对自己情绪的控制能力较弱,老师应该关注幼儿的心理健康问题,采用冷却法、转移法、消退法等,使幼儿逐步学会调节自己的情绪。

在园内生活中建立良好的师幼关系,多多鼓励、表扬幼儿,做幼儿的支持者、引导者和合作者;及时与家长沟通,让家长及时了解幼儿的问题,并告诉幼儿与他人交往的好处。老师要跟踪观察幼儿的行为,帮助幼儿尽快适应幼儿园,引导幼儿不以自我为中心,学会与他人交往。在一日生活中,适当介入、正面指导和发挥同伴的作用,与幼儿多沟通,引导幼儿大胆交流,合理宣泄情绪。在幼儿园的一日教育教学活动中,老师要为幼儿营造温暖、平等、信任的氛围。

六、专家点评

在帮助幼儿合理调节情绪时,班级中可以设置"情绪发泄角",让幼儿每天记录自己的心情变化,这便于老师及时关注到幼儿的情绪,以便对幼儿进行心理疏导。同时,老师还可以组织各种游戏活动,如"击倒小怪兽"的投掷活动,帮助幼儿表达、发泄自己的情绪,这样可以更好地促进幼儿心理健康发展。

《学前心理学》中指出幼儿自我调节情绪的主要方法有反思法、自我说服法和想象法,老师要学会用多种方法帮助幼儿合理宣泄情绪,促进幼儿心理健康发展。

老师要多采用鼓励式的语言,如"你真棒""如果怎样就好了",不采用批评指正的语言,如"你怎么可以这样""不可以"等。总之,老师引导的态度要积极,这样有助于帮助幼儿学会积极的情绪表达方式。

02 让入园焦虑不焦虑

一、情景再现

鹿鹿是一个3岁半的小女孩,9月份就要上幼儿园了。在正式上幼儿园前的一个下午,鹿鹿的妈妈、爷爷、奶奶、外公、外婆在家里和鹿鹿一起迎来了班级里的三位老师。他们对老师和幼儿园的生活有了初步的了解,同时老师也了解了鹿鹿的基本情况。

9月1日是幼儿园的亲子适应日,鹿鹿和妈妈一起走进了小三班。在这里,鹿鹿和妈妈体验了亲子小游戏,也认识了班里的其他同学,最后离开教室的时候还得到了一朵小红花。这让鹿鹿开心极了,和妈妈一起愉快地回了家。

星期一,鹿鹿和妈妈一起去幼儿园。到了幼儿园门口,鹿鹿就跟妈妈说:"妈妈,今天中午来接我。"妈妈一边点头一边说:"好的好的,妈妈中午就来接你。"鹿鹿又说了好几次,并不停地回头看妈妈,直到被班上的老师牵着手带着走向教室,才停止回头。在幼儿园的一整个上午,鹿鹿都没有哭,只是不断地向老师确认:"老师,今天是12点放学吗?"得到老师肯定的回答后,鹿鹿在椅子上安静地坐了几分钟后,继续向老师问同样的问题。中午,老师表扬了鹿鹿今天没有哭,鹿鹿妈妈很惊喜,但到了下午,鹿鹿妈妈告诉老师鹿鹿发烧了,需要休息几天才能上幼儿园。

新的一周到了,由于鹿鹿生病,一周没去幼儿园,鹿鹿妈妈决定还是从半天开始让鹿鹿重新适应。鹿鹿在妈妈的陪伴下来到幼儿园,到大门口时就已经哭得上气不接下气了。鹿鹿妈妈一边把鹿鹿交给老师,一边对鹿鹿说："妈妈中午就来接你。"然后转头离开了。鹿鹿看到妈妈离开，就哭得更大声了。一路上，鹿鹿还是不停地和老师确认："今天妈妈12点来接我，是不是？"得到老师肯定的回答才肯继续走。

回到家以后，鹿鹿下午都很开心地和妈妈一起玩，但是吃完晚饭准备睡觉的时候，鹿鹿突然大哭起来，一边哭一边说："我不上幼儿园。"甚至把晚上吃的饭都吐了出来，鹿鹿妈妈只能抱着鹿鹿哄，然后问老师鹿鹿在幼儿园的情况。老师说鹿鹿只是在进幼儿园的时候哭了一阵，之后就没有再哭了。看着鹿鹿这样，妈妈心软了。在鹿鹿说"幼儿园的饭不好吃，我要回家吃饭"时，鹿鹿妈妈告诉老师，要中午接鹿鹿回家吃饭。

每到晚上，鹿鹿都会大哭，这样持续了一周。到了周日晚上，鹿鹿哭着说下周还是只上半天，鹿鹿妈妈被哭得没有办法，同意了。周一晚上，鹿鹿说肚子疼，妈妈又给鹿鹿请一天假带她去了医院。到了周二晚上，鹿鹿又开始哭，并且说有小朋友打她，还是两个组的小朋友一起打她。到了周三晚上，鹿鹿又说有100个小朋友打她。鹿鹿妈妈向老师了解情况，结果老师说没有小朋友打她。妈妈对鹿鹿说："没有小朋友打你，如果有小朋友打你的话就要告诉老师哦！"妈妈还告诉鹿鹿，从明天开始要在幼儿园睡午觉，从下周开始，就要吃了晚饭再回家了。

新的一周的第一天中午，鹿鹿妈妈很担心鹿鹿，正好老师及时告诉鹿鹿妈妈，鹿鹿已经睡着了，虽然一开始鹿鹿不睡觉，但是没过几分钟就睡着了。鹿鹿妈妈表示很放心，并询问老师下一步的适应计划，老师建议鹿鹿可以尝试适应全天。最后，鹿鹿还是成功地在幼儿园待了一天，开启了正常的幼儿园生活。

虽然每天晚上鹿鹿还会说："我不上幼儿园。"在第二天入园时继续哭闹，在幼儿园时反复确认放学时间并且要挨着老师坐，放学时也迫不及待，但是逐渐地，鹿鹿还是适应并且喜欢上了幼儿园的生活。

二、案例分析

（一）分离焦虑是此阶段幼儿的典型心理特征

案例中鹿鹿的表现是分离焦虑引起的，而分离焦虑也是3～4岁刚入园幼儿的典型心理特征。引起分离焦虑的因素有很多，包括：（1）幼儿自身方面，如对家人的依恋、对新的生活方式的不适应、交往对象发生了改变；（2）家庭方面，如教养方式、家长情绪的影响；（3）幼儿园方面，如陌生的环境、老师的风格等。

（二）家长也会有分离焦虑并影响幼儿

很多人认为分离焦虑是幼儿的专属特征。其实不然，分离焦虑发生在幼儿和抚养人分离的情况下，这时不少抚养人也会有分离焦虑，但是常常这样的焦虑情绪不明显，或者反应没有幼儿那样强烈。成人相对幼儿来说有较好的自我调节能力，所以成人身上的分离焦虑常常被我们忽略。

然而，幼儿也是细心的观察者，即便是再细微的焦虑行为和表现，也会被幼儿所察觉，从而加重幼儿的焦虑情绪；或者幼儿运用成人的焦虑，来达到自己不上幼儿园的目的。

（三）成人对待幼儿分离焦虑的态度会影响幼儿分离焦虑持续的时间

不同的家长面对幼儿因分离焦虑而产生的哭闹、拒绝上幼儿园等行为时，也会有不同的应对方式，如冷处理（让幼儿哭个够）、哄骗（告诉幼儿明天第一个接放学）、纵容（幼儿说不上幼儿园就不上幼儿园）、说理（给幼儿讲道理，让幼儿接受上幼儿园这件事）等，而不同的应对方式也让幼儿分离焦虑持续的时间有所不同。

鹿鹿妈妈介于纵容和坚持之间，虽然鹿鹿不想上幼儿园，但还是把鹿鹿送来，只是延长了"阶梯式入园"这一阶段的时间，给鹿鹿更多的适应幼儿园生活的时间和机会。因此鹿鹿会出现编造理由、不停哭闹以达成自己目的的行为。

三、应对措施

（一）以"线上+线下"的方式指导家长开展家庭教育，促进幼儿持续性发展

幼儿的入园焦虑具有持续性的特征，尤其是焦虑情绪严重的幼儿，开展1～2次家园沟通难以达到较好的效果。因此老师可以通过家访活动、亲子适应活动等，观察幼儿情况后与家长进行面对面的线下沟通交流。幼儿在园期间，则可通过微信、电话等方式与家长进行线上沟通。重视并捕捉幼儿的变化，有利于促进幼儿持续性发展。

此外，家园在这样的沟通协调和相互配合中，家长对老师产生信任感，更容易让幼儿适应幼儿园生活。

（二）肯定并支持家长看见并尊重幼儿的个性化需求，制订小步调"阶梯式入园"计划，帮助幼儿健康过渡

"阶梯式入园"是一种渐进式的入园模式，体现为幼儿在园时间呈阶梯式循序渐进地增长，从刚开始的独立入园半天，到在园午睡，到最后的正常全天入园。这一模式从心理适应的角度，根据幼儿的心理特点，设置了心理过渡期，从而减轻幼儿的分离焦虑。

不同的幼儿适应情况不同，适应的时间也不同，家长应充分考虑幼儿的实际情况，老师应帮助家长制订小步调"阶梯式入园"的计划，延长幼儿的适应时间，尊重幼儿个性化需求。当幼儿适应情况良好时，指导家长根据幼儿的情况及时调整入园计划，把握幼儿心理发展的关键期，促进幼儿健康发展。

四、效果呈现

（一）家庭教育与幼儿园教育融合的尝试

在上幼儿园以前，幼儿的教育受家长教育观念的影响，但是在进入幼儿园后，基于家长对幼儿园老师的信任，家庭教育逐渐加入了幼儿园教育的内容，也受到了幼儿园教育理念的影响，家庭教育的内容和方式有所转变。

（二）幼儿从不愿意上幼儿园，到喜欢上幼儿园

例如，鹿鹿最开始入园焦虑情绪严重，拒绝入园的表现突出，不但哭闹，而且想象出自己受攻击的场景，但是经过家庭和幼儿园的共同努力，在一致的教育态度以及充满爱和包容的氛围中，鹿鹿很快就适应了幼儿园的生活并喜欢上了幼儿园，实现了从家庭生活向集体生活的过渡。

（三）家长在倾听幼儿声音的基础上，更有底线

基于对幼儿家庭的观察和与幼儿父母谈话，我发现有的家长是"溺爱型"父母，常常幼儿说怎样就可以怎样，呈现出无底线纵容的情况，但是经过幼儿园潜移默化地影响和指导，家长也意识到在幼儿的教育问题上要有底线和坚持，并且尝试改变引导幼儿的方式。

五、总结反思

（一）全员行动，做好充分准备

在应对入园焦虑时，幼儿的家庭成员可以为幼儿做一些准备，包括心理准备、物品准备等；面对老师的来访积极热情，表现出接纳和信任，引导幼儿信任老师和幼儿园。与此同时，在做这些准备时，也可以缓解家长的焦虑。

（二）爱而不宠，建立良好关系

分离焦虑是每个幼儿都会经历的情绪，是正常的心理现象，幼儿也正是在这样的情感冲突下逐步达到心理的平衡。当幼儿与外界产生情感冲突时，家长的态度尤为重要。过于包容，幼儿会退缩，躲避冲突；过于严厉，幼儿会逆反，排斥冲突。对溺爱幼儿的家庭，老师应予以指导，让家长适当严格，从而帮助幼儿面对和化解情感冲突，与老师、同伴建立良好关系。

（三）及时沟通，打破信息差

家长的焦虑大多数来源于不了解孩子在园的情况，而老师对幼儿回家

后的情绪、表现等也是不知晓的,这对于家园双方来说就会产生信息差。家长和老师需要及时沟通幼儿的在园情况,以及幼儿回家后的表现,打破信息差,共同制订适宜幼儿的入园适应计划。

六、专家点评

上述案例中幼儿出现的心理问题是分离焦虑。分离焦虑是指婴幼儿与亲人分离而引起的焦虑、不安或不愉快的情绪反应,是3~4岁刚入园幼儿的典型心理特征。如同案例中所展现的,在入园这件事上,幼儿的家长也有不同程度的焦虑,并与幼儿相互影响。

本案例中的老师细心观察,除了识别到了幼儿的焦虑情绪,同时也敏锐地发现了家长的焦虑情绪,以及造成幼儿较长时间处于焦虑状态且拒绝上幼儿园的原因——家庭教养态度。老师通过文字沟通、面对面沟通、电话沟通等方式,并辅以幼儿在园生活的照片,反馈幼儿的进步之处,从而化解家长的焦虑情绪;同时,老师给予家长具体的方法指导,引导家长与幼儿园态度一致,坚持送幼儿入园,帮助家长认识到一味地迁就幼儿是难以帮助幼儿顺利面对和突破冲突的,从而帮助幼儿顺利适应幼儿园生活。在此过程中,家长和老师帮助幼儿逐步意识到上幼儿园是正常且必须要做的事,从而激发幼儿的主观能动性,如案例中的幼儿通过反复确认时间、挨着老师坐等行为调节自身心理,最后适应幼儿园的生活,成功实现了从家庭生活向集体生活的过渡。

该案例中有效的家庭教育策略有以下几点:1.积极沟通和倾听,了解幼儿需求,与老师一起制订个性化的适应方案。2.巧用赏识教育,及时肯定幼儿的进步之处,帮助幼儿建立自信心,引导幼儿对幼儿园及老师产生信任感。3.给予幼儿适当的、有条件的爱,让幼儿对老师产生基本的信任,并与同伴建立良好关系。

03 巧用家庭教育智慧,解密孩子爱打架的原因
——家长教育案例

一、情景再现

今年,孩子升入幼儿园大班了。随着年龄增长,孩子逐渐展现了独立和懂事的一面,然而,这个阶段也出现了一些问题。我发现,孩子从幼儿园回家后分享自己在幼儿园的日常时,认为自己时而是英雄,时而是受害者。起初,我并未过多关注,将这些看作是孩子天马行空的想象。然而随着时间推移,我开始接到老师和其他家长的电话,得知孩子在班上频繁与同学发生冲突,甚至表现出爱打架的行为。一天晚上,我给孩子洗澡时,发现孩子腿上有一块淤青,再三追问下得知,他与同学打架被推倒,导致腿部磕伤。作为家长的我开始着急了,孩子爱打架如何是好呢?

二、案例分析

晚上我联系了幼儿园的老师,希望老师能给我一些指导和帮助。在与老师深入沟通后,我也了解到孩子在幼儿园的表现,尽管老师也随时正面引导孩子解决问题,但孩子还是会经常与其他小朋友发生冲突。

老师帮我分析了孩子爱打架的原因。她说在班级这个大集体中,孩子往往需要学会与他人相处、合作。对于我家孩子这种爱打架的行为,可能是因为他在社交能力上存在一些不足,所以他通过打架来寻求关注或者解决问题。

幼儿园阶段的孩子正处于学习社会技能和情绪管理的关键时期。根据

社会学习理论，幼儿通过观察、模仿他人的行为来学习社会技能，但是由于幼儿的情绪调节能力未完全发展，当遇到困难或挑战时，幼儿可能会表现出攻击性的行为，如打架。根据情绪调节理论，出现这种现象的原因是幼儿想通过攻击性的行为转移或缓解自己的负面情绪。

根据社会学习理论和因材施教的原则，老师应该为每个幼儿量身定制合适的教育方案，以满足他们不同的学习需求。家长也可以通过与幼儿园紧密合作，参与到幼儿的教育过程中，引导幼儿进行情绪调节和换位思考的练习，帮助他们掌握理解并尊重他人感受的技巧，学习与他人合作，了解解决问题的策略。

三、应对措施

（一）从家庭和幼儿园两个方面入手，提升幼儿的社交技能

为了提升幼儿的社交技能，老师建议从家庭和幼儿园两个方面入手。在家庭方面，家长需要给予幼儿更多的关爱和陪伴，因为家庭是幼儿成长的第一课堂，亲子关系的建立对于幼儿的社交发展至关重要。在具体的行为引导上，老师建议可以利用奖惩机制。适当的奖励可以强化幼儿积极的社交行为，同时应对不良行为采取适度的惩罚，使幼儿了解不良行为可能产生的后果，使其逐渐形成正确的价值观念。

在幼儿园方面，老师表示应增加幼儿参与合作类游戏的机会，如通过小组游戏、团体任务等培养幼儿的合作意识。在这个过程中，老师会特别关注幼儿与同伴的相处情况，及时进行引导和纠正，帮助幼儿理解合作的重要性。老师强调每个幼儿都是独特的，需要因材施教，因此在制订具体的指导策略时，要结合幼儿的个性特点，量身定制一套适合的教育方案。

（二）重视家园合作

老师始终强调家园合作的重要性，要求家长在家庭教育中配合他们提出的教育建议，同时及时反馈幼儿在家庭里的细微变化，以便更好地协同解决问题。

（三）分析幼儿的具体行为，关注其行为背后的动机和情感需求

与老师的沟通让我更深刻地了解了孩子行为背后的原因，老师也根据实际情况制订了一系列的教育方案。针对孩子爱打架这一问题，按照老师的方法，我采取了一系列措施，不仅重视孩子的具体行为，也更关注他行为背后的动机和情感需求。

我们制订了一套规矩和纪律，制订规矩的目的在于约束孩子的不良行为，特别是爱打架的行为。当然这些规矩和纪律并不是我单方面制订的，孩子也是参与者。我通过与孩子详细沟通制订规矩的原因和意义，让孩子明白这是为了他的成长和发展。我强调规矩的执行，不仅是为了解决短期的问题，更是为了帮助孩子养成良好的行为习惯。

针对孩子经常通过打架来发泄情绪的问题，我按照老师的建议学习了一些关于情感管理的内容，与孩子分享了一些情感表达的方法，让孩子更有效地通过语言表达自己的需求和感受。孩子告诉我，爱打架是因为想在幼儿园当老大，他觉得那样其他小朋友就会听他的，跟他一起玩。现在，每到节假日我就带孩子参加一些亲子活动，关注孩子的情感需求，让他体验正向情感交流的愉悦，从而更愿意用积极的方式表达内心的情感。

为了改善孩子的同伴关系，我加强了对他社交技能的培养，鼓励他参与一些合作性的游戏和活动，培养他的合作意识和团队协作能力。我特意创设了一些场景，让他与家人一同参与，锻炼他与他人相处的技能。

为了帮助孩子释放多余的能量和培养他的兴趣爱好，我利用节假日带他参加一些体育运动和其他有益的活动。锻炼能够更好地消耗体力，减少冲突的发生。同时，我也鼓励他培养一些兴趣爱好，比如听音乐、看书等，让他在有益的活动中投入自己的精力。

每天晚上睡觉前，我也会抽出半小时时间和孩子交流一天中发生的有趣的事情，倾听他的感受和需求，让孩子感受到家庭是一个充满支持和关爱的地方，父母会理解和鼓励他。

四、效果呈现

实施了一系列的应对措施后,孩子慢慢发生了转变。据老师反馈,孩子在幼儿园打架的次数明显减少,与同伴的冲突也逐渐减少,已经开始融入集体,同学也逐渐接纳了他。他学会了更好地表达自己的情感,不再通过打架来发泄负面情绪。通过合作游戏,他逐渐学会了分享、合作和理解他人,改善了与同伴之间的关系。

这种积极的社交行为不仅发生在幼儿园,更在家庭中得到延续。通过规矩和纪律,孩子表现出更好的自我控制力。他逐渐明白了行为的边界,形成了积极的行为习惯。与此同时,亲子关系也变得更加和谐,以前因为打架这个问题,孩子和家人都不愉快,通过亲子活动和家庭沟通,我与孩子之间的信任和理解得到了加强。

这一系列变化的背后,离不开老师的悉心指导和教育。老师不仅在幼儿园指导孩子学习合作与理解他人,也通过与家长的密切合作,共同关注孩子的成长与发展。老师的专业指导,让我在家庭教育中更有信心,也更加理解孩子成长中的困惑与挑战。通过与老师的合作,我更好地理解了孩子的需求,也能更好地引导孩子在面对问题时采用恰当的应对方式。

五、总结反思

在与老师共同应对孩子爱打架这一问题的过程中,我作为家长也进行了深刻反思。在孩子成长的过程中,不能仅仅关注表面现象,更要深入挖掘背后的原因。孩子爱打架的问题并非一个孤立存在的行为,而是他在成长中所采取的一种表达和处理情感的方式。平时我工作繁忙,时间有限,在一段时间内可能无法给予孩子足够的关注和陪伴,孩子感到被忽视,导致他寻求关注的方式转变为在幼儿园通过打架来引起他人的注意。

我们的家庭教育需要不断调整,应与孩子的成长相适应,而非僵化地套用固定的教育模式。家庭教育需要更灵活和个性化,每个孩子都是独特的个体，需要个性化的关怀和教导。

过去，我们倾向于采用一些严厉的制度和惩罚手段，而忽略了对积极行为的及时鼓励。通过这次经历，我学到了奖惩的许多方式，注重奖励积极行为，使孩子能够更清晰地认识到良好行为带来的积极影响，从而更自觉地去培养这些良好的习惯。

通过与老师沟通，我获得了许多专业的建议和指导。教育不仅仅是学校的责任，也是家庭的责任。家长与老师合作，共同关心孩子的成长，是解决问题的关键之一。

这次经历使我更深刻地认识到家长在孩子成长过程中起着至关重要的作用。家长应该不断提升自己的教育水平和育儿能力，注重与孩子的有效沟通，不断完善家庭教育的方式方法，以更好地引导孩子健康成长。

六、专家点评

在快节奏的生活中，家长可能因工作繁忙而疏忽了与孩子的情感交流，导致孩子通过攻击性的行为来寻求关注和表达内心的不满。部分家长在引导孩子时，过度依赖惩罚或奖励这两种方式。这种简单的教育模式往往忽略了孩子内心真实的情感需求，以及行为背后的深层次原因。这样的做法可能在短期内有一定效果，但长远来看，不利于孩子形成健全的人格和正确的价值观。

家长作为孩子最重要的伙伴和榜样，其行为和态度对孩子社交技能的发展有着深远影响。然而，部分家长未能给孩子提供足够的社交示范和教导，导致孩子在面对同伴时表现得不够得体，甚至引发冲突。这既影响了孩子与他人的关系，也阻碍了他们社交能力的正常发展。

与孩子的情感交流至关重要。为了深入了解孩子的内心需求和困惑，家长要定期安排与孩子的深入对话时间。家长通过倾听孩子的声音，可以更准确地把握他们的情感状态，为他们提供及时的情感支持和引导。

在教育策略上，家长也应做适当的调整。传统的奖惩机制虽然有作用,但更为温和和个性化的教育方式或许更能触动孩子的心灵。家长应当鼓励孩子,引导他们发现问题、解决问题,而非仅仅依赖外部的奖惩。这样的教育方式不仅有助于孩子的长远发展,更能培养他们的自主性和创造力。此外,家长要教导孩子正确地与同伴交往,在集体中展现自己的个性和价值;家长应鼓励孩子学会表达自己的情感和需求,用积极的方式解决冲突和分歧。

在上述案例中,老师针对孩子的问题,给予了家长专业而具体的教育建议,例如增加情感沟通、调整教育策略、制订明确的规矩和纪律等。这些建议都体现了老师对孩子行为的深刻理解和对其成长需求的精准把握。

老师非常注重与家长的合作,强调家园共育的重要性。这不仅为家长提供了专业的指导,还鼓励家长及时反馈孩子在家庭中的变化,更好地协同解决问题。这种合作式的教育方式有助于形成教育合力,促进孩子的全面发展。

老师还通过深入了解孩子的行为和背后的原因,为家长提供针对性的解决方案;同时注重与家长的沟通和合作,共同关注孩子的成长。这种全面而深入的教育方式,不仅有助于解决孩子当前的问题,还能为其未来的发展奠定良好的基础。

小学

欣赏·鼓励
在身旁和孩子身心同行

教养绝对不是简单地挑毛病,而是去发现更多的优点。
——马丁·塞利格曼

6～12岁的孩子主要在小学阶段,他们从以游戏为中心的人际交往模式逐渐转换成以学习任务、兴趣爱好为中心的人际交往模式。孩子不仅要面临幼升小的学习、新阶段的成长要求,还要面临由于知识和技能的增长而逐渐萌发的自我意识的发展与矛盾。孩子常常会对很多哲学命题深感兴趣,也会有很多想法,比如对"我是谁""生与死""爱与恨""情与理"的思考与困惑。他们对世界充满好奇与欲望,但又缺乏必要的行为边界和自我控制力。这一时期的孩子可塑性很强,行为和思维特别活跃,当然也容易犯各种各样的错误,他们可能会通过不断尝试错误来确定自己和这个世界之间的边界与关系。因为容易犯错,所以教育很容易以问题导向为突破口,很多学生得不到应有的个性化教育与支持。该时期的家庭教育应在一定的科学教育理念的指导之下,去看待孩子的成长,否则家长就有可能产生各种焦虑,因为孩子每天会有不一样的问题。我建议家长在积极教育理念的指导下,用优势教养,用欣赏和鼓励去帮助孩子成长,并始终在孩子最需要的时候站在他身边,和他并肩同行。

【心理现场】

小A，男，上小学二年级时，父母发现他做作业特别慢，注意力不集中，磨蹭，每天晚上要做到八九点，主要表现为写一个字要反复擦掉重新写，甚至会故意乱写字或者把本子撕掉，畏难情绪明显，这逐渐导致了小A睡得晚、早上又起不来。小A父母害怕恶性循环，于是每天守着小A做作业，但是小A拖拉的情况并没有得到有效改善，父母越是批评、指责、催促，小A的行为就越是僵硬，情绪更加糟糕，亲子关系也因此变得特别紧张。到了小学三年级，小A依旧时常完不成作业，并伴随有强烈的焦虑情绪和躯体反应，经常因拉肚子等胃肠道疾病无法坚持上学，医院检查认为小A的症状属于心因性的躯体障碍。面对困境，小A父母决定首先从改变自身做起，在专家和医生指导下他们开始学习和尝试优势教养，他们改变了以前问题导向式的教育模式，并将重点放在优势培育上，即从发现小A一个优点，强化该优点，再扩大该优点开始。比如，小A在学习上有明显的畏难和抵触情绪，若强迫他完成作业，只会让事情变得越来越糟。因此，小A的父母就从加强和老师的沟通开始，不断增加和老师之间的互动，小A妈妈每天坚持和老师通话，了解小A在学校里面的表现，从老师那里得到小A每天表现比较好的方面，回家以后就不断地强化老师对小A积极变化方面的认可。小A父母努力让小A感到老师对他的关注和爱护。在和老师的互动当中，小A父母发现小A在弹跳力方面比较突出，老师准备派他代表班级参加校运会跳高项目，为班级争光。于是小A的爸爸每天晚上陪小A训练跳高，在训练中，小A爸爸发现小A对运动会表现出较强的参与性与主动性。小A爸爸趁热打铁，在每天的训练中注重观察、反馈和强化小A的积极方面，不催促、不指责、不批评，话语体系改为"你刚才这一跳不仅跳得远，而且优美""动作很快，姿势很帅""如果拉伸再多坚持一下，再多做一会儿高抬腿，你会变得更好……"爸爸的陪伴和鼓励，使小A赛前一个月的训练没有一次落下，父子双方都有成就感。比赛很快来临，小A在校运会上表现突出，获得了冠军。运动会结束以后，小A回家做作业的专注力明显得到提升，小A父母也减少了催促。

优势教养强调教育者要相信孩子具有自我整合、自我发展的内生动力，小A通过自身的努力获得冠军以后，他所掌握的这种技能会泛化到其他领域当中去。这就是埃里克森所说的"我就是我所学习的、获得工作技能的我"，这样的优势教养势必会增强孩子的自我效能感，促进自我意识的觉醒。

【身心特点】
6～12岁儿童身心发展特点

该阶段儿童年龄跨度大，身心发展变化也很大，尤其是认知水平和情绪发展都非常快速，他们在思维、道德判断、记忆和读写能力上进步巨大，个体差异也越来越大。因此家长要着眼人的长远发展，给予孩子个性而全面、充分且适宜的教育，不能忽略孩子的个体差异，盲目追求趋同化的教育模式。采用科学的教育理念，一以贯之，才能心生定力，不被焦虑情绪所困扰。家长还应从积极视角出发，运用优势教养，发现、欣赏和鼓励孩子，这样在孩子的教育上才会更加充满信心。因此，了解儿童在该阶段的身心特点是教育的前提，其特点具体来说主要有以下方面。

1. 在身体发育上，该阶段儿童身体发育减缓，身体骨骼和肌肉变得强壮，运动技能提高，身体素质较幼儿阶段有了非常明显的提升，但预防呼吸道疾病仍然是这一时期保健的重点。因此，均衡膳食、充分运动、预防肥胖、预防近视、预防性早熟成为这一阶段身体发育的重要关注点。

2. 在心理发展上，该阶段儿童处在童年中期，儿童的自尊水平快速提高，道德与认知发展快速，自我中心思维的消退使得友谊变得更加深厚和亲密，学习成为这一时期的主要经历，尤其是儿童的思维变得富有逻辑，记忆和语言能力明显增强，社交范围不断扩大，优势和优点更加突出，同伴对儿童的影响力加大。心理学家皮亚杰认为该阶段处于具体运算阶段。这个阶段儿童能够通过心理操作来解决具体问题，能够更好地理解空间概念、因果关系、分类、归纳与演绎推理、守恒以及数字概念。埃里克森的心理社会发展阶段理论认为，在心理发展的每一个阶段都存在一种"危机"，矛盾的顺利解决是人格健康发展的前提。童年中期是儿童获得勤奋感、避免自卑感的阶段。随着儿童年龄的增加，自我意识的发展和活动空间的扩大，同伴和老师对儿童的影响更加巨大。家长不要把儿童的勤奋行为看作捣乱，否则儿童会产生自卑感。家长应鼓励儿童尽自己的最大努力与周围的人们发生联系，进行社会交往，使他们相信自己有能力做好任何事情，这样才能激发儿童的成就感，增强自信心。

3. 学业发展更容易受学校和家庭环境的影响。根据布朗芬布伦纳的生物生态系统理论，除了儿童本身的特质外，他们生活的环境，从家庭到班级发生的事件，再到儿童从同伴到更大的文化环境中接收的信息，都将影响他们在学校的表现。学习绩优的儿童的父母往往为儿童创造了良好的学习环境。他们为儿童提供安静的学习和阅读的场所，保证儿童按时就餐、睡觉和写作业，控制他们看电视、玩手机的时间，监督他们的课余时间，通过与儿童谈论校园轶事、参加校园活动等积极关注他们的生活，这些儿童在校的表现就会更好。另外，教养方式影响儿童的学习动机。一项研究表明，成绩较理想的五年级学生的父母是权威型家长，这些儿童有很强的求知欲，热爱学习。他们喜欢挑战，并乐于自己解决问题。专制型家长在儿童做作业时陪读，对儿童密切监督，依靠外在动机激励儿童，往往这类儿童的学业成绩较不理想。放心型家长不关注、也不在乎自己孩子的在校表现，这一类儿童的学业成绩同样也较不理想。

---------------------------- 【家校共育建议】 ----------------------------

1. 只有长期且高效地陪伴，才能发现儿童成长过程当中的优缺点，才能有效地捕捉教育的契机。任何教育缺少充分陪伴、沟通和相互了解都不可能产生真正的教育效果。家长应深刻明白观察、捕捉、强化与引领是促进儿童成长的四个必备过程。观察就是要观察儿童的行为、情绪，进而

了解儿童的需要，分析儿童的行为、情绪背后的动机。比如儿童说肚子疼不想学习，家长首先要搞清是身体因素还是心理因素导致的。如果是心理因素，是哪种心理在起关键作用，是害怕失败还是回避焦虑？是恐惧社交还是能力欠缺？是要挟父母还是真的厌学？这些困惑通过长时间的陪伴与观察是能够辨析的。捕捉就是要带着目标去发现教育的契机，比如儿童在学校成功化解了与其他同学之间的冲突，家长就要肯定儿童具备较强的人际协调能力，还可以进一步强化此优点，帮助儿童拥有良好的人际关系和可贵的品质，让儿童认识到正是因为自己的真诚、善良，才能取得他人信任。这样一来就能引领儿童不断地提升、发扬真诚、善良等优良品质。

2. 小学阶段是一个人学习和生活习惯养成的关键时期。这一时期，学习任务成为儿童成长的主要内容，儿童会面临成长压力，他们遇到的挫折可能越来越多。从人性的角度看，每个人都希望被认可、被理解、被支持，但在现实环境当中，挫败感远远多于成就感。因此，家庭教育应该更多地关注儿童身上的积极因子，尤其是优点与优势，这样才能更好地激发儿童的内驱力，增强他们面对困难、战胜困境的勇气。

3. 亲子互动时尊重是前提，倾听是保障，不随意对儿童发泄自己的情绪是红线。这一阶段需要培养儿童情绪管理的能力，引导儿童学会积极的解释风格，进而为形成良好的性格奠基。要做好这方面的教育关键在于让儿童学会真诚表达，真诚表达就是多倾听儿童做每件事情的背后动机与思考，不要急于评价或者评判儿童的行为，更不要轻易动用道德评判，这样才能有效鼓励儿童表达。当儿童在表达时，父母要注意引导和培育儿童的解释风格。解释风格是指当我们遇到事情时的第一认知与情绪反应，它是主观还是客观、片面还是全面、积极还是消极，这是每个人看待问题的出发点，是在长期的生活中逐渐形成的一种大脑思考的程序。在儿童最可塑的阶段，父母应帮助儿童更加全面、客观、积极地看待生活事件，这有利于塑造儿童的积极解释风格。要达到这一目标就必须充分尊重儿童，学会认真倾听，父母尤其不能情绪化表达，父母的不情绪化能带来儿童的情绪稳定。

4. 家长是"助力"而非"主力"。埃里克森认为，这一时期的儿童要通过自身的努力来实现自我认识的提升，因此儿童对自我掌控感有强烈的需要，自我掌控感能够给儿童带来自主感和激发他们的内部动机，促进自主学习能力的提升。掌控感来自对生活事件的参与、了解、辨析和选择。家长应该让儿童参与家庭事务的管理，重大决策也可以听取儿童的建议，甚至还要创造契机让儿童尝试管理和决策。比如外出旅行让儿童设计旅游攻略，安排与协调各种事务等。另外，在小学高段，父母要开始学习适当示弱，真心对儿童充满欣赏，真诚鼓励，这样儿童就会更加独立自主。

04 爱，是一切的答案

一、情景再现

婷婷又被数学老师叫到了办公室，"你最近怎么总是不写数学作业？""都五年级了，还不知道要按时完成作业吗？"婷婷静静地听着，没有说一句话。

我作为班主任坐在一旁，听着数学老师的责备，顿时心生疑惑：婷婷在班上虽然是一位性格内向、不善言辞、表现中规中矩的女生，但是从来没有出现过屡次不写作业的情况。她究竟是怎么了？

第二天，我带着困惑把婷婷叫到了办公室，问道："婷婷，你一直以来学习都很认真，但是最近几次你没有完成数学作业，是遇到什么困难了吗？"婷婷沉默不语，仿佛有着不能说的秘密。我试着打开她的心扉，说道："如果你遇到困难了，可以给老师说一说，老师可以帮助你。"婷婷依旧一言不发，心事重重的样子。她的表现让我更加坚信她肯定有什么心事。于是，我联想到婷婷的作文写得好，继续说道："如果你实在不愿意和老师沟通，你可以用写信的方式把你的心事写下来。"婷婷还是没有给我任何回应，就这样离开了办公室。

过了两三天，正当我以为没有结果的时候，婷婷在我下课时，居然主动交给我一封信。我也终于了解到了深藏在这个孩子内心的苦闷。

原来，婷婷从小父母离异，她跟着母亲生活。虽然跟着母亲，但其实一直是她的外公参与她的成长。母亲住在上班的地方，只是一个月偶尔回家几次，甚至更少。婷婷说母亲每次回来，她都很高兴，但是母亲却每次都要当着全家人的面训她一顿。这使她觉得母亲不爱她，她和母亲的关系也变得十分冷淡。

长期得不到母亲的陪伴和爱，婷婷产生了抑郁的情绪。

一次大课间，婷婷突然跑过来问我："老师，我不开心，我感觉自己不重要，怎么办？"我伸手环抱着她，给她安全感，并温柔地告诉她："老师觉得你很重要，而且你对所有人都很重要！"

面对婷婷，我想我们老师不仅要给予她关爱和鼓励，更重要的是要改善她的家庭教育环境，培养她积极向上的心理品质，帮助她走出阴霾，拥抱阳光。

爱，是一切的答案！我也在这样做。

二、案例分析

2021年10月，《中华人民共和国家庭教育促进法》正式颁布，这标志着家庭教育正式成为国民教育中不可或缺的部分。其中第十四条提到：父母或者其他监护人应当树立家庭是第一个课堂、家长是第一任老师的责任意识，承担对未成年人实施家庭教育的主体责任。第二十条提到：未成年人的父母分居或者离异的，应当相互配合履行家庭教育责任。

很显然，从这个案例中，我们可以看到婷婷的母亲并没有承担起离异后对孩子的家庭教育责任。婷婷出现的心理问题归根到底源于母爱的长期缺失。婷婷的外公替代了原本母亲应该在家庭中扮演的角色和承担的职责。

同时，婷婷母亲的教养方式也不恰当。婷婷自述即使母亲偶尔回来一次，也只是会当着家人对她进行指责、批评或者给予零花钱来表达爱，母女间缺乏良好的沟通，没有建立起良好的亲子关系。这种养育方式让婷婷产生了抑郁心理。

心理学研究表明，儿童的健康成长需要一个具有保障机制的家庭。在一个不完整的家庭中，儿童很难享有充分的父爱和母爱，这种基本的心理需要的欠缺，极易使儿童在心理发展中出现明显的障碍。

积极心理学认为人重要的积极心理体验是被需要。在婷婷的家庭环境中，由于从小到大母爱的缺位，婷婷觉得自己不重要。对儿童来说，我们一定要让他们从小觉得被爱、被需要，这样他们才能学会担当责任。

三、应对措施

面对有心理问题的儿童，我们必须给予他们来自家庭和学校的支持，帮助他们心理健康发展。因此，针对婷婷的具体表现，我们实施了以下对策。

（一）加强家校沟通，提供教育指导，提升家庭教育水平

1. 全面了解婷婷的家庭教育情况

了解婷婷的心理问题后，学校第一时间邀请婷婷的母亲和外公到学校进行面对面的交流。俗话说"解铃还须系铃人"。首先，要让婷婷母亲意识到自己对婷婷长期的忽视和冷漠导致婷婷出现心理问题，应促使婷婷母亲做出改变。其次，学校了解到婷婷从小到大一直都是外公肩负着对她的监管和教育的责任，婷婷虽然和母亲生活在一个城市，但母亲只是一个月偶尔回来一两次，她的内心十分渴望母爱。同时，婷婷的姨妈就住在他们家楼上，每次看到姨妈对表姐的关心也让婷婷心里产生了落差，内心更加抑郁。

2. 明确母亲在家庭教育中的主体责任

了解婷婷的家庭教育情况后，我们希望能够帮助婷婷重回爱的怀抱。因此，学校对婷婷母亲采取的家庭教育方式提出了一些建议。

一是提高回家的频率，多创造与孩子相处的机会。

二是调整教养方式。多和孩子好好说话，以肯定、鼓励为主，拒绝批判、指责、争吵、冷战等；多和孩子亲密接触，如抚摸、牵手、拥抱等，让孩子对爱有积极的情感体验；多进行亲子活动，如打羽毛球、去公园玩、旅行等，以此来让孩子保持心情愉悦，感受生活的美好。

三是外公要适当地"退位"，把家庭教育的职责逐步交还给母亲，让母亲多参与对孩子的管理和教育。

（二）运用多方资源，注重人格培养，发挥学校教育主导作用

1. 各科老师给予关爱，提升孩子自信心

面对有心理问题的学生，学校需要给予他们更多的关爱。班主任联合婷婷各个学科的科任老师成立"关爱小组"，提倡各科老师采用积极的教育方式，如用鼓励、赞美、肯定来提升婷婷的自信心，培养婷婷积极的心理品质。每周，科任老师都会针对婷婷的课堂表现及时与其他老师交流，共同帮助婷婷健康成长。

2. 借助个体心理辅导，培养孩子积极心态

班主任和心理老师每周都会对婷婷进行个体心理咨询辅导，这样一方面可以掌握婷婷的亲子关系情况，另一方面可以鼓励婷婷积极面对挫折，如引导婷婷通过一些励志电影、生活中的励志人物故事等学习如何调整心态，培养积极向上的心理品质。

3. 利用同伴力量，助力孩子健康成长

单亲家庭的孩子往往会敏感、自卑、不合群。婷婷就是这样一个例子，面对老师的关心不愿主动回应，也经常沉默寡言，缺乏自信。因此，针对这一情况，班主任老师悄悄安排了班上的两位平时乐于助人、心地善良的同学，让他们主动地走近婷婷，和她成为好朋友，利用和谐的同伴关系让婷婷感受到来自同学的关爱和温暖。

四、效果呈现

解决儿童的心理问题需要家庭教育和学校教育的有机结合。

在和学校老师深入沟通后，婷婷的母亲深有触动。于是，婷婷母亲主动改变了回家的频率，几乎每天都会回家陪伴婷婷。周末，婷婷母亲还会主动带婷婷去公园玩，一起散心，让婷婷感受到来自母亲的爱。每半个月，婷婷母亲还会带婷婷去医院复查心理问题，改善抑郁情况。

外公除了在慢慢"退位"，还经常为母女俩的相处制造机会。同时，外公和婷婷母亲都在调整自己的教育方式，外公改变了以往对孙女的严格

要求,婷婷母亲也多以关心、鼓励为主,和婷婷平等地进行交流。

随着家庭教育方式的转变和家长的积极改变,婷婷也自然接受了这种变化并努力改变自己。因为有了来自家长、老师、同学的关爱,婷婷在学校时不像以前那么郁郁寡欢。下课时,老师经常看到婷婷和同伴玩得开怀大笑,那是以前从来没有过的。一次,老师看到婷婷的头发很挡视线,于是建议她把头发扎起来,那样更显精神。没想到,婷婷第二天就扎了一个精神的马尾。老师忍不住走过去赞美她精神多了。婷婷也说了一句:"谢谢老师。"只是一句小小的建议,婷婷就明白了老师在关心着她。

五、总结反思

父母永远是家庭教育的第一责任人。尽管老师和学校在教育中扮演着重要角色,但他们不能替代父母的作用,家庭教育也无法被学校教育所替代。针对本次家庭教育成功的案例,有如下经验总结。

(一)建立亲密关系是家庭教育的首要基础

建立亲密关系是家庭教育的首要基础,这有助于建立信任和沟通,为儿童的成长和发展提供支持和指导。家庭是儿童情感发展的重要场所。本案例中的婷婷从小就没有建立起和母亲的亲密关系,母女一开始缺乏沟通和交流。家长需要与孩子建立情感联系,关爱和支持孩子,并回应孩子的情感需求。当孩子与家长交谈时,家长要全神贯注,不要打断或贬低他们;要努力理解他们的观点,真正关心他们的想法和感受。家长通过与孩子进行积极的情感交流,可以促进亲密关系的建立。

(二)有效的家校合作是家庭教育的重要辅助

有效的家校合作能够促进儿童全面发展和身心健康。首先,在本案例中,学校和婷婷的家长建立起了良好的沟通渠道。通过到校面谈、电话、微信等方式,家长可以了解孩子在学校的表现,老师也可以了解孩子在家里的情况。其次,学校和老师为婷婷的家长提供了家庭教育支持和指导,通过家庭教育咨询、家庭讲座等方式,帮助家长更好地了解孩子的教育需求和发展阶段。最后，当孩子面临心理问题时，家长和老师需要合作解决问题，通过共同分析和讨论，可以制订更有效的解决方案，帮助孩子克服困难并取得进步。

（三）加强老师、儿童和家长对心理健康的认识和了解是预防和减少儿童心理问题的关键

儿童正处于身心发展的关键期，经常会遇到各种压力和挑战。预防儿童心理问题需要学校、家庭和儿童本人共同的努力。

1. 老师和家长要有善于发现变化的眼睛

一个孩子产生了心理问题，如果不能及时被发现和引导，等孩子采用了极端的方式时常常为时已晚。因此，老师和家长要有敏锐的观察力，觉察孩子的细微变化，这些变化往往是孩子发出的"求救"信号。

我们可以关注孩子生理的变化，如失眠、胃口改变等；关注孩子情绪的变化，如由以往的活泼开朗变得沉默不语；关注孩子行为的变化，如有无自残的行为；关注孩子学业的变化，如上课注意力不集中、成绩下降等。

一旦觉察孩子有这些变化，老师和家长就要及时介入，为孩子提供必要的引导和支持。

2. 老师和家长要采用智慧的育人方式

作为家长，要学会和孩子保持和谐亲密的关系。家长要关注孩子的情感需求，了解孩子的内心世界。家长和孩子沟通时应多用鼓励、肯定的语气表达对孩子的理解和支持。同时，家长平时应多鼓励孩子参加各种活动，培养孩子良好的运动、睡眠和饮食习惯，提升孩子的幸福感，使孩子保持积极心态。

作为老师，要与孩子建立良好的师生关系，支持和关心孩子成长。同时，老师要培养孩子积极乐观的心理品质，教孩子调整心态，正确面对生活中的挫折。

3. 儿童自身要有对心理问题的认知和理解，培养积极心态，提高自我调节和抗压能力

学校通过开展心理健康教育的课程和讲座，普及心理健康知识，引导

儿童了解心理问题的成因、表现和应对方法，引导儿童运用一些积极心理学的方法来培养积极心态，如培养积极的自我认知，认识自己的优点和价值；如培养乐观的态度，用激励性的语言，如"我能行"等进行积极的自我对话；还可以积极社交，主动参与社交活动，与积极乐观的人建立良好的人际关系，分享快乐，相互支持。

六、专家点评

心理学认为，小学阶段的儿童，自我评价的能力还未完全形成，主要依靠外在评价。所以老师和家长要充分认识到小学阶段对儿童建立自信心的重要性。小学高年级学生自我意识增强，他们会辨别他人对自己的评价是否正确。如果儿童仅拥有家长、老师表面的欣赏和鼓励，这样形成的自信是不牢固的。只有真正发现并赞赏儿童的特定行为，才能巩固他们的自信。

婷婷的母亲每次回家对孩子的否定和指责，让婷婷逐渐失去自信，对自我价值产生了怀疑。外公的爱更多是衣食住行方面的关注，缺少了对婷婷心理上的关注和正向鼓励，导致婷婷自我价值感降低。

班主任细心分析并觉察了婷婷行为背后的原因，并通过每周一次与家长的面对面沟通，引导她们逐步改善亲子关系，引导婷婷母亲担当起母亲的责任。老师希望外公适当"退位"，母亲积极"补位"，通过亲子互动，不断给予婷婷积极的心理暗示与体验，让她感受到爱，感受到母亲发自心底的在乎。这样婷婷对自己存在的意义感逐步增强，自信心也逐步得到提升。

05 "多余的孩子"不多余

一、情景再现

今天早上刚到学校,语文课代表便让小尹交作业,小尹从书包里找了半天都没有找到作业本,课代表就说和他一起找。俩人找了很久都没有找到,小李、小王等同学也帮忙一起找,可怎么找都找不到,小李便问:"小尹,你的作业是做了没找到,还是没做呀?"小尹一听,瞬间就不乐意了,立马大声质问小李为什么要说他没做作业,他的质问让小李和很多同学都语塞了,有同学就来劝他说小李不是那个意思。此刻的小尹,见这么多同学在说他,就更生气了,握紧拳头就朝小李打去,要不是小李躲闪及时,就被打到了。作为班主任的我,在知道事情的第一时间就将小尹和小李带去办公室了解情况。待小尹的情绪稳定后,分析原因,找出小尹的不当之处,小尹虽向小李道歉了,但仍然觉得自己很委屈,觉得所有人都在针对他。在了解原因后,我才知道,小尹今天情绪这么激动,是因为他在家里做作业时,弟弟(小尹父亲和继母的孩子)总是会打扰他,他便毫不客气地把弟弟揍了一顿,继母也因此骂了他,爸爸也不分青红皂白说了他,他认为父亲很偏心,每次都是弟弟先犯错,但被批评的都是他,没人在乎他的感受。在得知情况后,我向小尹爸爸了解情况,小尹爸爸说小尹在家总会找些理由欺负弟弟,小尹继母又因为各种原因,比较包容小尹,小尹也越发胆大。昨晚,小尹爸爸也是一气之下就不让小尹吃晚饭。在了解原因后,我与小尹面对面进行了沟通,在沟通中得知,他很希望爸爸能够了解事情的原委,他和弟弟都有错,不能只让他挨批评、道歉,他想要得到父亲的关爱与对待事情的公平态度。

在小尹转到我班的两年间,他表现出来的是情绪暴躁、易怒,发生的打架事件也很多。在众多矛盾中,大都是来自他的错误认知,比如别人对他笑,他认为是嘲笑;别人指出他的问题,他就认为别人对他有不好的看法等。我与小尹沟通后发现,他之所以这样,是因为从小到大无论遇到任何事情,回到家与家人说,没有人在意他的感受,但弟弟的一点小情绪都会被爸爸或继母照顾到,他觉得自己就是一个"多余的孩子"。因此,在他的潜意识中,认为语言反击或者打回去,从气势上吓到别人,自己就不会受欺负。

二、案例分析

(一)成长环境

在整个案例中,小尹反映出来的敏感、应激反应等其实与他从小所处的家庭环境有很大的关系。小尹幼儿时期父母离婚,此后与爷爷奶奶一起生活,虽无父母的身影,但爷爷奶奶对他很是溺爱,小尹的任何要求都会被满足,这将他养成了胆大妄为的性格。读书后,无论与母亲一起,还是与父亲一起,小尹都生活在一个重组家庭中。

重组家庭是指子女的父母有一方并非亲生的,并且可能与继父或继母曾经婚姻中的子女一起生活的一种家庭模式。在重组家庭中,父母一方曾经婚姻中的孩子很可能成为那个"多余的孩子"。小尹认为自己就是那个"多余的孩子"。与母亲在一起时,母亲现在的丈夫为了不让妻子为小尹的事情费心,对小尹极其严格,一犯错就是责骂,小尹母亲对此也无动于衷,反而很关心哥哥(现在丈夫的儿子)。与父亲在一起时,父亲对他的严厉与对弟弟(父亲与继母的孩子)的温和形成鲜明的对比。

教育心理学认为,儿童的健康成长需要一个具有保障机制的稳定家庭。良好的家庭氛围是孩子健康成长的重要保证,身在良好家庭环境中的孩子一般性格开朗、乐观、自信、豁达,孝敬父母,尊重他人,善于与人相处。儿童在双亲的爱和教育下，能产生充足的安全感，从而有利于身心健康发展。相反，若家庭系统出现变故，势必对儿童的成长产生不利影响，且这种不利影响不会在短期内消失，反而具有长期效应，将会导致儿童的心理发展、行为发展出现偏差，甚至造成严重的人格异常。布朗芬布伦纳认为，环境是人类发展的主要影响源，他的生态系统理论确实改变了发展心理学家思考儿童发展环境的方式。例如，儿童在认知、生理上的不同都可能归咎于父母离婚对儿童的影响。也就是说，重组家庭对小尹认知的影响很大，若小尹接受的家庭教育还与之前一样，对他的不良影响还会继续扩大。

（二）父母的教养方式

小尹的爸爸妈妈在小尹成长过程中的教养方式偏向于忽视型。忽视型的父母对孩子不管不问，既不关心孩子的生活，也不关心孩子的成绩。对孩子的态度是漠然和拒绝的，亲子之间缺乏交往和沟通。有些忽视型的父母以赚钱为名，自己在外面挣钱养家，把孩子交给爷爷奶奶带，从不过问孩子，对孩子的任何需求习惯性忽视。小尹在父母离婚后便被交给爷爷奶奶带，读书时虽然会与父母相处，但小尹妈妈工作忙，在处理小尹的问题上则是交给现在的丈夫处理，自己基本不过问。小尹爸爸的工作也很忙，从不过问小尹的作业，每次与其沟通小尹的学习，总是"还在找辅导班""工作太忙，没空管""只能交给辅导班的老师"。长期忽视型的教养方式，让小尹错过了与父母建立亲密关系的关键期，也让小尹在潜意识中认为自己是个"多余的孩子"。

（三）个性特点

其实重组家庭的父母应该像普通家庭一样重视孩子的家庭教育，为孩子创建一个充满爱、公平、理解和尊重的家庭环境，使孩子在良好的家庭氛围中成长为一个心理健康的人。小尹显然从小到大生活的环境是缺乏关爱、充满冷漠的，这也让小尹变成了一个性格乖张、易怒的孩子。对待各种事情时，若对自己有利或不会被批评，就会说实话，相反，则是谎话连篇，全是别人的错。小尹的这一个性格特点，从科尔伯格的道德发展阶段论来讲，属于惩罚和服从的定向阶段。这一阶段的儿童行动的后果决定这一行动的好坏，不理会这些后果所涉及的人的意义或价值。他们凭自己的水平作出避免惩罚和无条件服从权威的决定，而不考虑惩罚或权威背后的道德准则。

这样的处事方式很难有朋友，与同学发生矛盾也很容易打架。在学业上，小尹的学习成绩很差，课堂上经常打扰别的同学，扰乱课堂，更不会交作业，因此在案例中，小李才会下意识地问小尹是不是没做作业。

（四）归属和爱的需要

在马斯洛看来，一个饥肠辘辘的人，人生的目标就是找到食物果腹；一个缺乏安全感的人，他对生命的追求是安全；归属与爱和尊重的需求也一样，得不到满足就会有缺失。小尹无论与母亲生活，还是与父亲生活，双方的新家庭都让他感觉自己是那个"多余的孩子"，这也导致他既极度缺乏安全感，又很想要获得归属与爱。所以，潜意识使得小尹想要获得父亲的关爱。因此，他会排斥弟弟的存在。逆反的心理让他时而带有一些攻击性的行为，比如，在案例中弟弟打扰他读书，他不是温柔地告诉弟弟不要打扰，而是将弟弟揍一顿。在他看来，弟弟是抢走父亲爱的人，是让他家庭不幸福的人，而继母对弟弟的宠爱，对他的漠不关心，对他言语上的伤害，会让他更加排斥弟弟的存在。

在与同伴发生矛盾时，他会倾向于埋怨他人和外部条件。在犯错时，会倾向于指责他人，为自己的行为开脱，让别人为自己的过错承担后果。所以，小尹会因为小李的一句疑问而大打出手，并觉得小李在针对自己。平时，在学校与同学相处时，一旦发生矛盾，他都会习惯性地将矛盾归因于同学，而自己就是那个受委屈的孩子。在小尹的潜意识当中，只要自己不承认错误，爸爸妈妈或者继父继母就不会责骂他。

从案例中我们不难看出小尹需要培养积极心理品质。小尹在家庭和学校承受了许多压力，他希望得到父亲的关爱，希望得到同伴与老师的喜爱，才会有打架、揍弟弟等一系列行为。他这种对爱的渴望表明他有强烈的社交需求和对归属感的追求。这种渴望可以被视为一种积极的心理动力，可以驱使他改善人际关系和实现自我价值。例如，有时候，小尹在与弟弟的互动中可以感受到快乐，这表明他有能力建立积极的家庭关系，这是他积极心理品质的体现。

三、应对措施

（一）陪伴孩子，加强与孩子的情感交流

帕金斯曾形象地把家庭比作"制造人格的工厂"。教育是社会的，更是家庭的。与普通家庭相比，重组家庭的孩子经历了父母婚姻的解体、陌生人的闯入，他们当中的许多人体验着"不完整的爱"。小尹从小与爷爷奶奶生活，父母只是电话那头的人物，长大后与母亲相处时，家中有了继父和哥哥，母亲对哥哥的疼爱，继父对他的责骂，使他的生活更加缺少爱。后来与父亲生活，父亲也有了新的家庭，弟弟的乖巧与小尹的调皮形成鲜明的对比，父亲在忙碌的工作之余，对小尹的严加管教和对弟弟的细心爱护让小尹无法体会到关爱。因此，我在了解小尹从小到大所处的家庭环境后，告诉小尹父亲，希望他能放下手中管教小尹的"教鞭"，多与小尹沟通，多抽出时间陪伴小尹，了解小尹心中的真实想法，走进小尹的内心，弥补小尹心中缺失的父爱。在这个过程中，小尹的继母是会与小尹一直生活、成长的人，她参与了小尹的生活，是需要在小尹的成长过程中与父亲一起给予小尹陪伴与关爱的。在重组家庭中，小尹得到的爱不完整，心理已然受到创伤。如果在重组家庭中，继父母不对继子女投入感情或是感情投入不足，不与孩子进行充分的感情交流和互动，那么双方的情感就会更加疏离，关系更加敏感、脆弱，也会导致继父母在对孩子进行教育时缺乏说服力。因此，针对小尹渴望被爱这一积极心理品质，鼓励小尹父亲带着小尹和现在妻子共同参与家庭活动，如一起做饭、玩游戏或进行户外活动，来加强与小尹的情感联系。这样的活动不仅能够满足小尹对爱的渴望，让小尹慢慢接受继母，接受新的家庭，还能帮助他学会如何在家庭中扮演积极的角色。

（二）和孩子平等对话，不要一味批评指责

布朗芬布伦纳的生态系统理论的第二个环境层次是中间系统，中间系统是指各微系统之间的联系或相互关系。他认为，如果微系统之间有较强的积极的联系，发展可能实现最优化。相反，微系统间的非积极的联系会产生消极的后果。如，儿童在家庭中与兄弟姐妹的相处模式会影响他在学校与同学间的相处模式。从这一角度分析，小尹之所以会对弟弟产生排斥，与他从小接受的家庭教育有很大的关系。他从小得到的只有批评与指责，每次犯错后，父亲不是打就是骂，甚至还不让吃晚饭，而弟弟犯了错父亲却是温声细语地教育，平时更是动不动就抱着弟弟一起玩耍，与对他的态度形成了鲜明的对比。因此小尹心中产生不平衡，所以说谎逃避批评与指责。

针对小尹的情况，我告诉小尹父亲，希望他可以通过平等对话，让小尹感受到尊重与被爱，进而培养小尹的自尊和自信，也就是说，增强微系统之间的积极联系。当小尹感觉到平等时，他与弟弟的关系也能慢慢地得到改善，在学校与同学的关系也能得到改变。这一过程可以促进小尹积极心理的发展。当小尹表现出积极行为时，如，值日的同学因为家中有事不能打扫卫生时，小尹会主动举手帮忙，虽然最后因为很少做卫生帮了倒忙，但还是应该第一时间肯定他助人为乐的行为，并通过与他的对话，了解他调皮的原因，再告诉他："这次没做好没关系，你这么聪明、爱劳动，平时多看看同学们怎么做的，再多做几次卫生就可以了。"自这样操作之后，小尹主动打扫卫生的次数增多了，做得也比之前更好了。这些积极的肯定，将增强他的自我价值感，并鼓励他继续展现出更多的积极行为。如，小尹主动教弟弟读古诗，小尹积极参加学校运动会……

（三）主动与孩子沟通，努力架设理解的桥梁

理解是最能快速走进孩子内心世界的方法。小尹的生活中，没人去真正地理解他的真实想法，总是在问他"为什么这样做""你知道这样做是错的吗"。建设理解的桥梁很重要，因此，小尹的父母应主动与小尹沟通。首先，家长要把孩子视为朋友，站在平等的角度，无偏见地看待孩子的行

为，不掺杂自己的价值观，单纯地去理解孩子的内心感受，客观地分析孩子某种行为背后的原因，从而找到改变孩子不良行为的可行方法。其次，家长应该以开放的心态与孩子进行沟通交流，以此来消除孩子的孤独和烦恼，使他们保持学习的热情。最后，家长应该明白，理解就是要不加评判地体会孩子内心真正的想法，只有这样才能真正走入孩子的内心世界。

（四）建立和谐的师生关系

积极心理学认为，良好的人际关系对于个体的心理健康和成长至关重要。在长期与小尹的相处中，我知晓信任对于小尹的重要性，他内心希望得到同伴与老师的喜爱。因此，每次处理小尹与同学的矛盾时，我从未因同学的告状而先给小尹的错误下定义，而是通过与他共情，先理解他，建立信任，再回到事情本身，站在客观的角度去教育他。我经常用"小尹，老师想听你来说一说事情的来龙去脉，你可以好好地说一说吗"或者"小尹，老师想听一听是什么刺激了你，让你那么生气的"。通过这样的询问建立共情的第一步。接着，我会对他说："老师很能理解你因为被冤枉了而愤怒。"站在小尹的角度理解他，这是建立共情的第二步。紧接着，"在这件事中，你……我很理解你，但……"站在客观的角度去教育他，让他明白自己的做法是不对的，达到修正他错误认知的目的，进而解决矛盾。

对小尹的积极关注与支持，更能促进小尹积极心理的发展。课下，我也会与小尹聊天，问他最近足球训练的趣事，听他与我讲他在内蒙古大草原的事情，今天有哪些开心的事情，等等。在小尹的校园学习生活中，当他倾听同伴的想法时，我会在办公室和老师们一起赞美他的冷静；当他发现学习的乐趣，想要认真学习时，我会立马为他竖大拇指，鼓励他的学习积极性；当他积极主动打扫班级卫生时，我会在班会课上表扬他是"劳动小能手""班级小主人"。针对小尹内心渴望得到爱的这一点，我让他尝试不同的活动和挑战，培养他独立思考和解决问题的能力。如，我会经常让小尹下课后帮我叫班上的同学来办公室纠错，会让他帮我到其他办公室转述事情给其他老师，会教他怎样有礼貌地向其他老师转述。他也慢慢从不好意思与同学或老师沟通，到现在会问我"老师，我可以和他……这样说吗?"从同学们不相信他到他一叫,同学们就来办公室。

四、效果呈现

(一)认知逐渐改变

在与小尹父亲沟通后,小尹父亲增加了对小尹的陪伴与沟通交流,让小尹感受到了父亲对他的爱。从教育心理学的角度分析,有效的陪伴与沟通能很好地共情。共情就是站在别人的角度考虑问题。对于一个从小就渴望得到父母关爱的孩子来说,他从小就认为自己是一个"多余的孩子",没人在意他的想法,没人给他关爱和陪伴。自从与小尹父亲沟通后,小尹父亲每周都会在忙碌的工作之余抽出时间陪小尹在外面吃一顿饭或玩一会儿游戏,虽然时间不长,但小尹有了从"爸爸不爱我"到"爸爸会问我"再到"爸爸其实是爱我的"的情感变化,由此可知,陪伴与沟通是真的有效。小尹与父亲关系的改变,让小尹逐渐认识到自己不再是"多余的孩子",这调动了他内心的积极心理品质,让他与父母、继父和继母、哥哥和弟弟的关系慢慢得到改善。

(二)情绪趋于稳定

通过与小尹建立和谐的师生关系与同伴关系,小尹慢慢地感受到了老师、同学的关爱,他在与同学的相处中,会愿意听一听同学的想法,会问一问同学原因,五年级上学期开始,他打架的事例减少,交的朋友也从无到有。小尹对我的信任的增加让我也有了更多的机会了解他,他也愿意到办公室来帮我抱作业本,也会与班上其他老师沟通,虽仍有发怒的表现,但在面对老师的询问时却能冷静下来,并意识到自己的错误,而非一味地逃避、撒谎。

五、总结反思

现在,小尹在家庭生活和学校生活中已经有了很大的变化。如,前段时间，在语文课上，需要孩子们分享"成长过程中的新感受"，小尹说："那天在家与弟弟一起玩耍时，第一次觉得有弟弟很开心。"课下，我问小尹为什么会有这样的感受，小尹说爸爸说过，弟弟犯了错不是偏心他，是因为弟弟还太小了，打了他，骂了他，他也不会懂。从小尹的说法可以知道，小尹并非不懂事，他在父亲的一句简单的解释后，就能接纳弟弟，并喜欢弟弟，可见他内心渴望的是被爱。当然，小尹在课堂上也会积极举手回答问题，即使回答错了也不会觉得同学在嘲笑他，而是认真听，去寻找正确的答案。小尹也会在意自己的学习成绩了。小尹的这些变化反映了他渴望被爱和归属感的积极心理品质。

"多余的孩子"其实是最敏感的孩子，调皮捣蛋、不爱学习、骂人打架只是他想要获得关注的一种方式。这些孩子心中其实是柔软的，家长需要承担起自己应负的责任，以尽可能多的爱、公平、理解、尊重和关注，弥补家庭变故给孩子造成的伤害，为孩子创造正常的、充满爱的环境，促进他们身心健康地成长。现在的小尹仍然有很多未能改正的地方，不爱学习，无视别人的感受，但与之前那个满身尖刺的小尹相比，现在的他多了一些"理智"。家庭教育的重要性，不在于我们用多少教育理论去告诫孩子的父母，而在于我们对孩子心理健康的重视。通过提供更多的家庭支持和学校资源，帮助小尹培养积极心理品质和培养社交技能是今后在小尹的教育上需要反复思考并一直践行的。

六、专家点评

这个案例深刻地揭示了家庭环境，尤其是重组家庭对儿童心理发展的重大影响。小尹的经历反映了在许多重组家庭中孩子可能面临的压力，如情感忽视、家庭冲突和自我价值感的缺失等。

案例中小尹的积极心理品质主要体现在：

1. 适应性。小尹在面对家庭和学校的多重压力时，展现出了一定的适应性。尽管他的行为可能被视为问题行为，但这也可以看作是他试图适应和应对复杂环境的方式。

2. 渴望被爱和归属感。小尹行为的背后，是对父爱和家庭归属感的强烈渴望。这种渴望是小尹内心积极心理品质的体现，也是改变小尹行为的潜在动力。

3. 改变的意愿。在案例的最后，小尹开始意识到与弟弟相处的乐趣，这表明他有意愿改变和成长。这种愿意接受新事物和改变自己的态度是发展积极心理品质的关键。

这个案例强调了家庭环境对孩子心理发展的重要性，尤其是在重组家庭中，孩子可能面临更多的情感压力。家长和教育工作者需要共同努力，为孩子提供一个充满爱、理解和尊重的环境，以促进其全面健康发展。

06 接纳不完美　找到成就感
——家长如何摆脱"学习焦虑"的家庭指导

本文探讨了家庭教育中父母应如何接纳孩子的不完美，降低期望值，发现孩子的进步并给予赞赏，以促进孩子的健康成长。通过案例分析和实践经验，我提出了一些具体的方法和策略，以为家长提供有益的参考。

如今，超前教育已经不是新鲜事。教育的竞争不再只是各种考试，还得考得更好。在面对孩子小学学习成绩不尽如人意时，家长越来越焦虑。学校调查研究发现，在家庭教育的过程中，很多家长往往过于追求完美和成功，导致孩子的心理负担过重，影响孩子健康成长。著名教育心理学专家李玫瑾教授曾经说过：一眼看到头的童年只有"卷"，孩子不抑郁谁抑郁？因此，如何接纳孩子的不完美成了家庭教育的重要课题。

一、情景再现

我们班有个叫欢欢的小孩儿，聪明伶俐，但是成绩总是不太理想，在班上几乎没有朋友，甚至有个别调皮的男孩儿还总喜欢捉弄他。由于欢欢在班级中感受不到归属感，总是闷闷不乐，学校的任何活动都不愿意参加，有时为了引起老师的关注，还会做一些违反课堂纪律的事情。

后来我多次和欢欢的家长交流沟通后发现，欢欢妈妈对欢欢的管教十分严格，欢欢的课余生活被安排得满满当当，但就是在这样高强度的学习下，欢欢的成绩并没有一点儿起色。欢欢妈妈告诉我她曾经试着用各种方法让欢欢也能像别人家的孩子那样自觉努力学习。当看见欢欢因为粗心三番五次抄错题、写错字时，她打过欢欢手板，罚过抄写，但是收效微乎其微，在辅导欢欢学习的道路上她觉得自己节节败退。

为了发泄自己的情绪，欢欢妈妈有时还会用羞辱的语言试着唤起欢欢的自尊心，结果可想而知，除了让自己解气之外，别无好处。后来欢欢妈妈又变换战术，采用以柔克刚的方式，痛哭流涕地试着让欢欢体会父母的不易，试着让欢欢学会懂事和感恩，最后，所有的努力都是背道而驰。欢欢妈妈告诉我他们目前的亲子关系越来越紧张，欢欢不愿意和他们沟通，甚至不愿意上学。

二、案例分析

为什么会出现越管越糟的情况呢？我通过微信、电话、面谈等和家长进行深入的沟通后，发现了以下问题。

（一）家庭教养方式的问题

在和家长沟通后，我了解有的家长过于关注考试的结果，没有关注过程。如果孩子确实也在努力或者由于个人原因无法达成家长的要求，我们就不应该把目光只放在孩子的学习成绩上了，而应该看看孩子其他方面的表现，如创造力、好奇心……每个孩子都有自己独特的优势，要充分尊重孩子的个体差异。家长应多把关注点放在他们的优势上，让他们在自己擅长的领域中获得成功体验，才能提升自信心和积极性。有了自信心孩子才有内驱力，最后才能达到主动学习的目的。

另外，由于孩子长期处于被父母否定的状态下，产生了自卑心理，很多活动不愿意参加，不想去表现自己，因为他很少得到父母的肯定和赞扬。这一类孩子对于父母的指令只能被动地服从。回家后孩子又在父母的安排下参加很多课外辅导，身心疲惫。家长的强势，让孩子养成了讨好型人格，逐渐失去了自我。

孩子只有在父母适当管理的范围才能释放天性，所以学校就成为孩子不想遵守规则的"避难所"，孩子经常在学校违反规则，是他长期在家里被压抑的结果之一。

（二）自我认知的问题

家长焦虑的原因是家长望子成龙、望女成凤，特别是那些非常优秀的家长，不能接受孩子不如自己。一旦孩子没有按照自己的要求达成设定的目标时，家长便会感到焦虑，马上在家庭中扮演主导者的角色，指出孩子的各种问题，并且不能容许孩子发表自己的观点。由于父母的话孩子不敢辩驳，孩子无法用语言和家长进行合理沟通，为了发泄自己的不满，孩子经常在学校违纪，被老师批评后，更强化了孩子的不良行为。

三、应对措施

我认为家长的教育观念和方法、家庭关系紧张、家庭成员间无法正常沟通是导致孩子叛逆、频繁犯错的根本原因。

我发现只有家长改变教育观念和方法才能与孩子建立良好的亲子关系，更好地了解孩子的需求和问题，从而让孩子愿意听取意见。以下是我给家长提出的一些对策和措施，希望能帮助更多有同样困境的父母。

（一）调整心理预期，接纳孩子的不完美

首先，家长应该学会正确面对孩子的不完美，分析原因并采取相应的措施，而不是暴力地批评指责。比如，当孩子经常出现读课文掉字漏字时，就算他用手指指着读也会读漏字、读错字，也许他并不是不认真，而是先天原因让他的专注力弱于别人，家长应多站在孩子的角度想想，强迫孩子做他无法完成的任务时，对他本身来说就是一种折磨。

如果孩子出现了专注力问题，父母要做的不是指责，而是耐心温和地等孩子读完一段后，轻轻地告诉孩子哪些词语刚才读错了，希望下次能注意改正。可能在后面的阅读中孩子仍然会出现掉字漏字的情况，但家长不能抱着一蹴而就的想法，只要今天比昨天好就是进步，应正视并接纳孩子的不完美。

当看孩子的错题时，父母叹气、生气、焦虑的举动会传递给孩子，这会让孩子更加害怕，丧失学习兴趣。所以，家长应把要求降低，告诉自己

孩子能写出来已经很不错了。千万不能和别的孩子比较，每个孩子都有自己的闪光点，只有鼓励才会让他有学习的动力。

家长需要调整心理预期，也许孩子会犯很多错误，但家长要学会允许孩子犯错。家长看到孩子的错误时不能大吼大叫，应该和善而坚定地说："这里写错了，你再想一想。"等孩子改了一遍又一遍总算有一道题写对时，家长要耐心地小声说："这道题写对了，你想想刚才是什么原因写错了呢？"这时，孩子会有点儿兴趣开始分析原因。按照这样的操作，孩子会开始认真修改后面几道错误的计算，直到全部改对。回想当初检查错题，家长骂一次孩子改一道，结果孩子后面又犯同样的错。没想到这样平和的交流方式能起到四两拨千斤的效果。

（二）努力发现孩子的进步，学会欣赏孩子的闪光点

积极心理学认为，个体在经历积极情感时，会更容易形成良好的心理品质和建立正常的社会关系。每个孩子都是独一无二的，他们有自己的个性、兴趣和能力。父母应该理解孩子的独特性，尊重他们的选择和决定，避免将自己的期望强加给孩子。

也许孩子目前的成绩不尽如人意，但家长不应该把焦点只聚焦在成绩上，应转移注意力发现孩子其他地方的闪光点，学会欣赏孩子的个性特点和个人价值，尊重他们的兴趣爱好和独特性。著名心理学家埃里克森曾说："如果儿童在学习上不断取得成就，在其他活动中也经常受到成人奖励，他们的学习会变得越来越勤奋。"

比如孩子跑步很厉害，家长可以鼓励孩子多参加一些有关跑步的比赛，当孩子在赢得比赛时就会树立起自信心，当听到成人对他们的鼓励时就容易找到自己的价值，进而对生活充满积极性。

家长应该努力寻找孩子的优点，哪怕孩子的改错仍然不尽如人意，仍然有很多错误，但是家长应看到孩子已经在改了，态度已经很端正了，多站在孩子的角度想想，家长应该努力接受孩子的不完美。家长应努力地找出孩子在改错中进步的地方，就是那么不起眼的一处进步，家长也要发自内心地赞美："这个字比上一个写得漂亮多了，爸爸，你快来看看，他写得多漂亮！"家长发自内心的赞美，会让孩子心里乐开花，这样他后面的改错就有了积极性，至少会比上一次改得有进步。

在家长的赞扬声中，孩子才能找到自信心，找到成就感。

（三）建立良好的亲子关系，定时召开家庭会议

很多时候孩子不愿意按照父母的指令行动，是因为他们没有感到被尊重，如果家长每周召开一次家庭会议，让孩子参与学习计划的制订、问题的解决、家务活儿的分工、家庭娱乐活动的策划等，孩子有了很好的沟通和解决问题的机会，他能感到自己被尊重，他也会愿意按照自己制订的计划行动。

比如孩子总是乱扔物品，如果我们还是批评指责，这样做对孩子的成长是不利的，而是可以把乱扔物品的问题放到家庭会议议程中，大家共同想办法解决。

家庭会议给孩子提供了表达的机会，给家长提供了更深入了解孩子内心想法的机会，也让孩子学会了担当。

四、效果呈现

（一）家庭氛围变和谐，孩子能敞开心扉交流

在学校和老师的建议下，家长开始试着理解孩子。在家长的一次家庭记录中，我了解到欢欢再次提出了不想上学的想法。这次家长并没有劈头盖脸地批评，而是学会了控制自己的情绪，站在孩子的角度了解原因是不想写作业。家长也没有给孩子讲大道理，而是告诉他有时候大人也有这样的感受，这种共情的方式可以让孩子感到被理解、被尊重和被关心，进而增加孩子与家长之间的信任感。其实有时候引导孩子把压抑的情绪释放出来也是一种教育方式。在父母的鼓励下，孩子很爽快地答应明天要好好去上学。

（二）张弛有度才是学习最好的状态

一天，欢欢家长打电话告诉我孩子不想上学的情况，我建议他们召开家庭会议，把不想上学的问题当作议题。后来在与孩子敞开心扉沟通后，

他们发现孩子连续四周的厌学，归根结底是因为生活中的快乐不足。

家长反思欢欢的生活中除了学习就是兴趣班，没有足够的时间放松，也不能玩玩具，很容易失去学习的动力。仔细回想他这学期的状态，确实是这样。前一个半月，每天作业不少，再加上兴趣班，孩子每天都很累，连20分钟的自由时间都不能保证。长期的疲惫没能让孩子感受到快乐。终于有五一假期让他期盼了，或者仅仅一场生日聚会，一次远途旅行，就能让他重新燃起学习的动力。看来教育这件事，说难也难，说不难也不难，关键在于家长和孩子之间是否有充分的信任和沟通。只要有足够的爱心和耐心，充分的理解和沟通，就可以解决遇到的难题。

孩子的时间和精力是有限的，他不是机器，他需要放松，在长时间高强度的安排下，孩子感到力不从心，但是他不善表达，只能用逃避的方式解决问题，所以才出现了厌学的情况。

橡皮筋在长期高压下会崩断。老师应提醒家长不要盲目参照别人家的孩子，要根据自己孩子的实际情况和特点制订合适的教育方法。家长需要做的是给孩子减压，兴趣班的培养也应该适合孩子，还应给孩子充分的休息和玩耍的时间。

（三）孩子找到成就感，做事情变得积极乐观

为了让欢欢在班级中找到归属感和价值感，我根据欢欢的特点给他安排了一些适合的班干部工作，引导他多参加集体活动。我也建议家长多发现欢欢的优点，不要把关注点只聚焦在成绩上，比如引导欢欢分担家务劳动等。欢欢通过努力取得一定进步，再获得周围的肯定或赞美时，他感到自己被尊重，这样获得的成就感能使他做任何事情都变得更积极。

在家校配合的一段日子里，欢欢在一片赞美声中找到了自信，突然有一天，我发现欢欢上课时能够大胆地积极举手回答问题了，看到欢欢的转变，我和家长都感到非常欣慰。

后来家长告诉我，他们在坚持每周召开家庭会议后，他们共同制订了每日学习计划、娱乐计划等，孩子也逐渐改掉了拖拉的习惯，每天都能快快乐乐去上学。

五、总结反思

虽然在老师和家长的共同努力下，孩子逐渐变得自信，说明我们的措施取得了一定成效，但是让家长发自内心地接受孩子不如别人的观念转变起来仍然是漫长而艰难的。

道理大家都懂，要做到确实很难，世界上没有完美的人，可是每个人都在这样要求自己和别人——尤其是孩子。作为老师，我们能够做的就是在学校鼓励孩子，让孩子在班级里找到归属感，但是家长必须和老师形成合力，才能有效发挥教育的作用。我们定期和家长沟通，希望家长也能有足够的勇气和担当接纳孩子的不完美。

总之，只有家长改变态度，孩子才能找到自信心和成就感，积极参与学习和生活。

六、专家点评

这个案例深入探讨了家庭教育中家长应该如何接纳孩子的不完美，以及如何通过调整期望值和教育方法来促进孩子的健康成长。

案例中人物的积极心理品质体现为：

1. 共情能力。案例中的家长通过倾听和理解孩子的感受，展现了共情能力。这种能力有助于建立信任和理解，是积极心理品质的关键组成部分。

2. 适应性和灵活性。家长在面对孩子的学习挑战时，能够调整自己的教育策略，这体现了家长的适应性和灵活性。这种品质对于家长在教育过程中应对不断变化的教育需求来说至关重要。

3. 积极的心态。家长在案例中展现出了积极的心态，即使在面对孩子学习上的困难时，也能够保持乐观，寻找解决问题的方法，而不是简单地责怪孩子。

这个案例强调了家庭教育中家长的重要性，以及家长如何通过积极心理品质和有效的教育策略来支持孩子的成长。这不仅有助于孩子在学业上取得进步，更有助于孩子形成健康的自我认知和积极的生活态度。教育工作者和家长应该意识到，孩子的健康成长不仅仅体现在学业成绩上，情感、社交和心理等多方面也需要有所发展。通过接纳孩子的不完美，家长可以为孩子提供一个充满支持和鼓励的成长环境。

07 小"火"龙变形记

一、情景再现

我发现坐在第一排的L有些奇怪：他眼神充满恐惧，不管是哪个老师走到他身边，他都会马上双手抱头显得非常害怕。然而，面对同学，他又变得暴躁易怒，不管是哪个同学走到他身边，他都会很凶地让别人走开。

经过一段时间的观察，我打算与L的父母沟通一下，但每次都被他们以工作太忙的理由推脱了，沟通效果非常不理想。

没过多久，L和同学狠狠地打了一架，双方都受了伤。这一次，我态度很强硬地提出必须和L的父母面谈。这次，L的妈妈告诉了我L以前的事情。L以前在另一个区读书，前任班主任不管L打架的原因，从不听他解释，总是粗暴地呵斥他。L在家不听话的时候，他爸爸也是直接上手。L的成绩不好，其他同学也会嘲笑他。因为这些原因，L才转学到我们学校的。这让我想起了每次我经过L身边，他眼神里都充满了恐惧和无助。我决定和L的爸爸见一面。

L的爸爸觉得自己的权威不能被挑战，对L很严厉。我给L的爸爸说了L在学校的种种表现，而他是L学习的对象。L的爸爸陷入了沉思。最后，他说愿意配合我，学会控制脾气，用正确的方法表达自己的情绪，给孩子做良好示范，以后和L的沟通以语言为主，不再使用暴力。

L学习基础不好，注意力不集中，上课易走神，小动作多；学习效率低，写作业拖拖拉拉，粗心马虎；对学习不感兴趣，考试成绩经常垫底，不想读书。我请其他同学帮助他，其他同学也特别友好地主动帮助他，但是，每次他都满眼愤怒地叫同学走开。

这天L又打架了。A和B下课在玩耍，L以为A在欺负B就跑过去和A打在了一起。我把L找来，他很是防备地看着我，我把他拉到我旁边坐下，我能感觉到L在颤抖。我表扬了L的进步。L睁大眼睛，不可思议地看着我。我继续说，比如今天，虽然你打架了，但是是因为你以为同学被欺负了才去帮忙的，你很有正义感！我看见L眼里的愤怒渐渐消退，取而代之的是泪水。等他平静下来了，我才开口："你很有正义感，并且勇于承担责任，也从不推卸责任。现在，我是你的班主任，我很喜欢你，也看到了你的改变和进步，我也相信你可以有更大的改变和进步。你有什么话都可以跟我说，有什么不能解决的事情都可以告诉我。"

L的泪水又涌上眼眶。

我继续说："L，人和人沟通的方式有很多种，打架是最笨的一种方式。比如今天的事情，本来你是好心想帮助同学的，结果因为打架，你要挨批评了。想想还有没有其他方式可以解决这个问题。这个世界上还有好多好多人都很喜欢你，真心想让你变得更好，想帮助你。像我，像我们班的同学。"L擦掉眼泪，郑重地点点头。

自那以后，L有一定的改变，但并不是一下子就完全改变了。只是当他开始暴躁时，我就会抱抱他，让他知道，至少我是真心真意关心他，也相信他可以改变。当他想对同学说些不客气的话时，我会微笑着看他，这是在提醒他要和同学好好相处。最开始L很不适应，慢慢地，一学期后，L已经不需要请家长了。他变得自信开朗，和同学们的关系也变得融洽起来，成绩也慢慢追上来了。

二、案例分析

（一）成长环境不佳

中国有句古话：近朱者赤，近墨者黑。这句话点出了环境对一个人成长的重要影响。积极心理学认为，个体的心理健康与环境密切相关。孩子天生会模仿。案例里的学生L性格暴躁易怒，很可能是模仿了前任班主任和他的父亲，他以为这就是正确解决问题的方式。例如，同学路过不小心把他的课桌弄歪了，同学马上就道歉并且把他的课桌扶正，但他仍然要打同学，觉得同学是故意弄歪他的课桌。

（二）人际关系不良

L一方面想和同学好好相处，另一方面不知道怎么和同学相处。例如，课间，他很想和同学一起玩耍，就一直跟着同学，盯着同学看。在进行合作游戏的时候，他很想加入游戏，但被其他同学拒绝，不接受他的加入，让他一边玩去。他很生气就把同学推倒了。

（三）认知模式有误

要想改变L的暴躁易怒，首先要改变其认知模式，让他知道与他人沟通的正确方式。例如，在他犯错的时候，发脾气的时候，作为班主任的我主动关注他的情绪变化，主动关心他，用温柔的话语、温暖的拥抱稳定他的情绪，等他心情平复以后再就具体事件进行沟通。半学期后，L慢慢习得了新的与他人沟通的方式，可以在自己心情平复后就事论事地去解决遇到的问题。我再适时进行交往技能的教育，引导L通过非暴力的方式达到自己的目的，并及时鼓励他的正确行为，让他知道怎么和他人相处。例如，之前的他会在同学提醒他写作业或者主动帮他讲题的时候，对同学大喊大叫，叫同学走开。现在的他会认真听同学讲，还会对同学说"谢谢"。

（四）内在动力不足

L虽然暴躁易怒，但是他的内心是充满正义的，是想帮助同学的，是渴望得到理解与支持的。例如，其他同学在打闹的时候他看见一方处于弱势，便会去帮助他认为处于弱势的同学。作为班主任的我，在事情发生的当下，第一时间对他正义的行为给予肯定，这让他觉得自己得到了理解与支持，也因此落泪。

三、应对措施

理论依据：PAC理论是加拿大心理学家 Eric Berne 在《人间游戏》一书中提出的。该理论认为，在人际交往中不同的角色心态对人际沟通起到的效果也不一样。Eric Berne 表示，一个人在表达自己的想法或者观点时，心理上存在三种自我状态，即父母（Parent）状态 — P 状态，成人（Adult）状态 — A 状态，以及儿童（Child）状态 — C 状态。

（一）以心理辅导为核心

积极心理学认为，建立良好的人际关系对于个体的心理健康和成长至关重要。给孩子足够的爱，才能取得孩子的信任。比如，我从L家长那里得知，他在之前的学校犯错了，班主任从来不会主动询问原因，搞清楚事情的真相，而是直接对他进行粗暴教育，这使得L在遇到困难时不愿意找老师求助，认为老师对他有偏见。取得信任的第一步，就是理解他、支持他。每次L犯错的时候，我都会找他问清楚事情的前因后果，问他这么做的原因，我发现很多时候他的出发点是好的，就是对事情的处理能力有所欠缺。

适时进行交往技能的教育，引导L通过非暴力的方式达到自己的目的，并及时鼓励他的正确行为。例如在班会课上，我会引导学生如何与同伴交往；班团体活动时也会引导学生团结互助；班级里设置了困难求助箱，我会定时查看困难求助箱，对需要帮助的学生进行帮助。在一系列引导下，L发生了明显的变化。例如，之前L想和同学玩耍是直接跑去加入，从不问其他同学愿意不愿意，而且他态度蛮横，才使得其他同学不想和他玩耍的。积极心理学强调学生的自主性和探索精神。我告诉L要换位思考，如果其他同学以他对其他同学的态度去对待他，他会怎么想怎么做。L慢慢意识到他之前的处理方式不妥当，并开始改变自己的认知模式，慢慢和其他同学的关系也变得和谐起来。

（二）以班级辅导为抓手

和其他学生沟通，讲明L需要大家的帮助，发挥朋辈互助作用，促进学生之间建立和谐的同伴关系。班上其他同学并不讨厌L，并且非常愿意帮助他。现在，我总是可以看到L和其他同学下课玩耍的身影，总能听到他对班上同学的道谢声。

（三）以家庭教育为基石

和家长沟通后，我了解了L各个成长阶段遇到的可能导致其性格发生变化的大事件。例如，我采取了打电话、发微信、家访等沟通方式跟家长进行深度交流，深入了解L的过往、现实状态以及家长的期待。在深入沟通的基础上，针对L在校和在家出现的问题，进行深入探讨，引导家长发现L行为背后的深层原因，改变以往家长不问原因"一刀切"批评L的行为。

我利用孩子爱模仿的心理特点，鼓励L父亲充分发挥父亲这一重要角色的榜样作用。例如，在和L父亲沟通时，我采取了举例子、讲故事、推送相关文章或视频等方式，给L父亲以引导，让L父亲为L树立榜样，以供L模仿。

我引导家长采取恰当的方式和L平等对话。根据PAC理论，当交往双方出现争执、产生矛盾时，通情达理、稳重得体的A状态是比较合适的处理方式。"A→A"的沟通是平等、客观、理性的沟通，这种成人模式的沟通比较顺畅、高效。比如，要回应孩子提出的"我理解您的意思，但我认为这不只是我一个人的问题"，家长可以回应"我愿意听听你的想法"。家长采用这样的平等对话的方式，可以让L体会到被尊重、被理解、被重视的感觉，也更能帮助L稳定情绪，解决问题。

四、效果呈现

（一）家长的改变

1. 认知改变

和L的父母沟通后，L的父亲意识到自己之前的行为模式对L产生的影响很大，表示自己愿意改变和L的沟通模式，以积极的语言沟通为主。

2. 行为改变

L有了小的改变和进步时，家长会鼓励、表扬他，不再是冷漠地看待L的进步。

3. 情绪改变

在与L的父母沟通后，L的父母在面对L遇事暴躁的时候，不再简单粗暴地对待他，而是先控制自己的情绪，情绪稳定后再进行非暴力沟通。

（二）学生的改变

1. 认知改变

通过辅导，L明白了前任班主任和其父亲解决问题的方式是有问题的，是不恰当的。L慢慢相信老师是真心喜欢他，希望他变得更好，遇到问题会第一时间向老师寻求帮助。L也逐渐意识到自己对待同学的方式有问题，同学对他是友好的，是真心想和他做朋友的。最后，L切身感受到了父母的爱，父母与L不再是单方面的暴力沟通，他也开始学习新沟通模式，并用新沟通模式与父母沟通。

2. 行为改变

随着家庭教育方式的改变，以及系统化的心理辅导，L在学校生活中，不再爱打架，遇到事情愿意和其他同学通过语言沟通的方式去解决。学业上，L的成绩慢慢好了起来，之前经常不及格，现在及格的次数变多了。在性格上，L变得更自信、活泼开朗，之前看见老师就躲得远远的，现在经常到办公室向老师请教问题。在家庭生活中，L与父母的关系也比之前更加亲密，L学会了正确表达自己的想法和感受。总体而言，L从一个暴躁易怒的小"火"龙，变成了一个活泼可爱的男孩。

3. 情绪改变

在学校生活中，L之前是一个情绪起伏特别大的孩子，尤其是面对同学时，一旦发生矛盾，L特别暴躁易怒，很多时候会出现暴力行为。通过辅导，L在遇到矛盾时，会先平复自己的情绪，再想办法处理矛盾，自己解决不了的矛盾会找老师解决。在家庭生活中，L开始与父母沟通，开心或者不开心的事情都会与父母分享，通过这样的方式来获得家庭的支持，而不是与其他人产生对抗。

五、总结反思

L处于埃里克森心理社会发展理论的八个阶段中的学龄期（即6~12岁），该阶段儿童的心理冲突是勤奋感对自卑感。该阶段的主要任务是使儿童获得勤奋感而克服自卑感，体验能力的实现。该阶段儿童的特征是：如果在学业上屡遭失败，又因自己的努力而遭到嘲笑或惩罚，或者如果他们发现自己辜负了老师和父母的期望，在日常生活中又常遭到批评时，就容易产生自卑感。

案例中的L正处于该阶段。L生活在一个充满暴力的环境中，他的自卑藏在了他的暴躁易怒中。他基础不好成绩差，他想改变，但是不知道怎么改变，甚至害怕改变了努力了也不会有进步，会让其他人更加看不起他嘲笑他，所以选择对其他人恶语相向。不愿意和他人沟通、暴力对待他人等，都是L向外界求助的信号。如果L的前任班主任和父母能够早点关注到L的情绪变化及外显行为的信号，及时处理L的情绪和行为问题，对他给予正确的引导，L的问题就会及时得到矫正，L也不会出现交往困难，并能在老师和家人的支持下，转变认知和行为模式，拥有一个幸福的童年。

积极心理学认为，预防比治疗更重要。老师应和家长以埃里克森心理社会发展理论为依据，引导该类型的儿童明白勤奋会使人取得进步，一旦他们有进步就通过夸奖来强化，让该类型的儿童看到自己的进步以克服自卑感。

在教育中，家庭、学校和社会的结合对儿童健全人格的塑造至关重要。只有家庭、学校和社会三者相互交织，共同促进孩子的心智成长，才能使其拥有健全的人格、积极的情感和良好的适应社会的能力。

六、专家点评

这个案例展示了教育工作者在面对具有挑战性行为的儿童时，通过深入理解、积极沟通和适当的心理干预，促进儿童积极转变。它强调了教育心理学在实际教育场景中的应用,以及家校合作在解决儿童行为问题中的关键作用。

案例中L的积极心理品质主要体现在如下几个方面:

1. 正义感和责任感。案例中的L虽然表现出暴躁易怒的行为,但他的行为背后反映了一种正义感,即他试图帮助他认为受到欺负的同学。这种正义感是L积极心理品质的重要体现,也是改变L行为的潜在动力。

2. 适应性和学习能力。L在老师的引导和支持下,逐渐学会了新的沟通方式,减少了暴力行为,这表明他具有适应新环境和学习新行为模式的能力。

3. 自我反思和成长。L在经历了一系列的干预后,开始意识到自己的问题,并努力改变,这显示了他的自我反思能力和成长潜力。

这个案例强调了在教育过程中,理解和尊重儿童的个性和需求的重要性。老师和家长通过积极地干预和支持,可以帮助儿童克服困难,发展积极的人格特质。教育工作者应当关注儿童行为背后的心理需求,通过有效的沟通和适当的心理干预,引导儿童学习积极的应对策略,促进儿童心理健康和社会适应能力的提升。

08 消失的头发

一、情景再现

童童是一名六年级的小学生。第一次见到她,是在两年前的新学期开学报到时。

那天,同学们怀着对新班主任的好奇,早早地来到学校。报到名单上,一个叫"童童"的名字吸引了我的注意,因为她迟迟没有到来,也没有请假。这时,我拨通了童童妈妈的电话。第一次通电话,我特别客气,也很谨慎:"童童妈妈,你好!我是新班主任老师,请问童童在吗?"电话那头答道:"在,她还在补资料。叫你快点啊,怎么这么不听话!"电话那头传来了责骂声,还没等我开口,那头又说:"老师,不好意思,她要迟到一会儿,昨天才被我打了一顿,皮得很!"气氛有些尴尬,我一时接不上话,毕竟还不了解这个家庭的情况,只能应着:"没事没事,我们等她。"发生了什么,可以让家长在第一次跟新班主任通话时,不顾及孩子的面子和尊严?这勾起了我的好奇心。

半小时后,教室门外探出来半个脑袋,脑袋上戴着一顶棒球帽。我下意识地走过去询问:"你是童童吗?"孩子站在门外不出声。我招呼道:"快进来,报到开始啦。"孩子只是一个劲地摇头。我走近一看,才发现孩子没有头发!这怯生生的女孩,可能是有些怕生,不敢进教室。我开口劝着,女孩终于开口:"我……剃了光头,怕同学们笑……笑我。"一个十岁左右的女孩子,剃了光头?我更好奇了,顿时觉得事情不简单。若不是去了少林寺,那便是生了什么病吧,我这样想着,但没敢多问。这天,我允许这个叫"童童"的女孩在教室门口完成了报到。

事后,我拨通了童童前班主任的电话,想了解一下童童的情况。前班主任惊讶地说:"她又剃光头了呀!她妈妈怎么想的呢……"由此我得知,这不是童童第一次剃光头。每次剃光头,她就要戴上一顶帽子,仿佛在遮掩着什么。可以肯定的是,她也不喜欢光着头。

二、案例分析

案例中,"迟迟不来报到的女孩""不顾及孩子面子的家长""女孩子剃光头戴帽子",种种不符合常理的现象引人深思,引起了班主任的好奇。这究竟是怎么回事呢?

(一)意外创伤的影响

童童在小学三年级时,在小区里玩滑梯的过程中,不慎被后面的男孩子推了下去,摔到了脑袋。经过治疗,童童的外伤痊愈,但是心理上受到了创伤。她总感觉自己的脑袋跟别人的不太一样,会不觉产生压力、紧张和焦虑感,所以总是用手去摸,以此来缓解和宣泄自己紧张的情绪,渐渐产生扯头发的行为。

(二)家庭因素的影响

童童妈妈怕长此以往会伤毛囊,以后难以长出新头发,所以索性给孩子剃了光头,让她扯不到。童童妈妈解释孩子养成了扯头发的习惯。因为那次意外伤害,童童妈妈也在孩子的人际交往方面表现得过于强势和专断,不允许童童跟那些看起来不太友善的同学相处,怕女儿再次受到伤害。童童没法反驳,只能接受,但内心压抑。

(三)人际交往障碍

童童上课很不专注,而且喜欢打扰同学:不是一直盯着同学笑,就是发出奇怪的声音。她在竭力引起同学的注意,哪怕是被取笑也乐意。她还喜欢拿同学的东西,有时候并不是据为己有,而是藏在别人找不到的地方。同学们都对她避之不及,经常在背后议论纷纷。童童渴望人际交往,但是其他人接受不了她这种交往的方式。

三、应对措施

（一）心理辅导，搭建互动平台

从儿童发展心理学的角度来看，躯体化是孩子表达不适与痛苦的无声的语言，这类孩子会借由躯体表现、行为问题、身体不适等来表达心理上的压抑和痛苦。童童的家长没有意识到问题的严重性，反而觉得孩子不听话。我心里着急，只好求助学校心理室的夏老师，希望夏老师能给童童做一下心理咨询，帮忙想想对策。

在征求了童童的同意后，夏老师找童童聊了一个小时，并让童童做了沙盘游戏。从中，夏老师发现这个孩子对受伤事件记忆犹新，但她并没有意识到这件事情一直影响着她。她内心深处非常渴望跟外界建立联系，但是又对人际交往缺乏安全感，还怕遭到家长反对。渐渐地，她不愿意交朋友，产生了人际交往方面的障碍。其实她内心很渴望交朋友，很渴望被肯定。在各种矛盾中，童童的真实需求被压抑，继而形成扯自己头发的外在表现。

夏老师告诉童童，要学会正视过去发生的一切，不要担心未来可能发生的事情。父母和老师都会陪着她，不会有人故意伤害她。

通过这次交流，童童觉得夏老师很有亲和力，愿意听她倾诉，跟那些对自己避而远之的同学不一样。后来，她有空就会去找夏老师聊天，哪怕老师在忙，什么也不聊，安静地待一会儿也会让她感到安心。在学校有了懂自己的人，这大大地缓解了童童内心的焦虑。

（二）家校协同，创造成长契机

当一个家庭"生病"了，家庭中一定会有一个或多个成员把家庭的"病症"呈现出来，而这个成员往往是家庭中能量较弱的、年龄较小的、敏感度较高的，以及无能力自我保护的那一个。童童便是这样一个孩子，因此，我们需要积极促进家校协同，引导家长积极看待问题，正确处理童童的问题,共同创造成长契机。

1. 放大优势,培养自信心

给孩子创建展现自己的舞台,帮助孩子找到自信心。我想试着从这个角度去突破,并希望得到家长的支持和配合。我得知童童的爱好是跳舞,便鼓励童童积极加入篮球赛啦啦队。以前因为经常不能按时完成学习任务,童童不被允许参加啦啦操比赛,这下得知自己可以参加了,她十分开心。很快,她就学会了啦啦操,并且在比赛中表现得一点儿也不比其他同学差。学校的集体活动,我特意安排了舞蹈表演,也让童童一起参加。能在全校师生面前表演,这对童童来说意义非凡。她笑得合不拢嘴,全心全意地投入练习,最终呈现的效果也不错。我请家长在家多多表扬童童,不要吝啬赞美,让童童感受到她的每一次进步。

2. 宽容相待,转移关注点

学习上,童童的基础比较薄弱,欠缺一些好的学习方法,学不懂,所以老是走神。我发现童童记性好,就建议她多读多背,日积月累,熟能生巧。我引导家长,学习的事只能慢慢来,不要只关注成绩,也要看到孩子其他方面的成长。因此,我没有强求童童要做得跟其他同学一样好,对她更宽容一些。家长感觉来自外界的压力小了,责骂孩子的次数自然也少了。每天回家,家长应多问问孩子在学校的开心事儿,把关注点放在孩子的成长上。

3. 正向引导,提升接纳度

在前不久的火灾消防演练中,消防队的叔叔要求每个班派一名代表体验火场逃生。很多同学举手争取,童童也不例外。最终,我选择让童童去。这时候有同学站出来表示反对,他们说明明大家都比童童做得好,为什么选择童童?我语重心长地说:"正是因为你们做得好,所以我们要帮助童童,给她学习和锻炼的机会呀。"在我的多次引导下,同学们从怕童童拖后腿,到宽容她,再到试着帮助她。受到同学们的接纳,童童每天都比以前开心了,也更愿意跟同学交流了。同时,我建议家长多引导孩子看同学的优点,而不是在孩子面前批判同学的缺点,这样有助于童童与同学之间互相接纳。

4. 鼓励交友，扩大交际圈

在学校，我鼓励童童参加小组活动，跟不同的同学合作和接触，打破以前的交际圈。一开始，童童很不适应，慢慢地，她愿意跟那些她认为比较友善的同学玩了。我还建议家长多带孩子出去走亲访友，去参加社会实践，去参加社区活动，让孩子接触更多的同龄人，去建立学校以外的交际圈。在这个过程中，家长应观察孩子在交友方面欠缺什么，然后适时引导，教孩子辨别"真假朋友"。

四、效果呈现

以上几个策略的实施，收到了以下效果。

1. 跟那场意外和解。童童开始正视那件事情，认识到那只是个意外，不是对方有意而为之，这不应该成为往后交朋友的一大阻碍。

2. 自信心得以提升。直到现在，每次有舞蹈表演活动，童童都加入其中，为班级争光。童童妈妈非常感谢老师给孩子机会，让孩子自信、阳光了不少。

3. 亲子关系得到改善。家长不再强求童童要在学习上取得多大成效，家庭氛围融洽了不少，亲子关系得到了明显改善。

4. 同学认可度提高。同学们接纳了童童，这让童童感受到了同学们的友善，踏出了正确交友的关键一步。

5. 人际交往能力提升。看到孩子的转变，家长感到欣喜。现在童童有了自主交友的权利，还在班上交到了朋友。

两年过去了，童童的成绩虽然没有得到质的提升，但是她每天都主动来问"今天的作业是什么呀"，很关心自己的学习任务。她还发挥了自己记性好的优势，把课文和作文都背得滚瓜烂熟。更令人欣喜的是，她的头发长出来了，扎成了一个小辫儿。她再也不需要那顶"遮羞帽"了！

五、总结反思

案例中的童童在人际交往方面出现了障碍，还出现了扯头发这种解压方式，与家长的观念是有必然联系的。老师要懂心理学，及时开展家庭教育指导，家长应充分了解孩子的深层心理需要。家长在教育孩子的同时，也需要不断地修炼提升自己，和孩子一起成长一起进步。结合本案例中童童的发展历程和老师的教学经验，我有以下反思。

作为老师，我们需要学习儿童发展心理学的相关知识，儿童发展心理学强调儿童的成长具有阶段性特征，学校教育应尊重并适应这些阶段，避免过早或过晚地施加教育压力，尊重儿童的发展阶段。同时，我们也要重视儿童的个体差异，看到每个儿童都有独特的天赋和兴趣，学校教育应关注儿童的个体差异，提供个性化的教育方案。另外，我们更需要关注儿童的情感需求，为他们创造一个温馨、和谐的校园环境。

作为家长，我们要重视家庭教育，学习心理学理论知识。父母作为孩子的第一任教育者，应以身作则，展现积极的生活态度和价值观，为孩子树立良好的榜样。在教育孩子的过程中，父母也要鼓励孩子自主探索世界，尝试新事物，培养好奇心和创造力。尤其对于需要特别关爱和关注的孩子，父母更应教会他们识别和表达情绪，帮助他们掌握积极的情绪调节策略，提高情绪管理能力，为他们建立开放、平等的沟通机制，鼓励他们表达自己的想法和感受，让他们在一个充满关爱、支持和理解的家庭氛围中获得积极的心理品质，健康快乐地成长。

六、专家点评

这个案例展示了教育心理学在实际教育环境中的深度应用，特别是在处理儿童心理行为问题时的综合性干预的作用。它揭示了家庭环境、个人心理状态与学校教育之间的复杂互动。

案例中童童的积极心理品质主要体现在如下几个方面：

1. 适应力与韧性。童童在面对个人挑战和社交障碍时，展现出了适应力和韧性。尽管她经历了家庭和学校环境中的困难，但她能够在老师的引导和支持下，逐步克服困难，这是她积极心理品质的重要体现。

2. 自我表达与创造力。童童通过学习舞蹈和参加艺术活动，找到了自我表达的途径。她在舞蹈表演中的表现不仅让她提升了自信心，也展现了她的创造力和艺术潜能。

3. 社交意愿与合作精神。案例中，童童在老师的鼓励下，开始与同学建立联系，参与小组活动，这表明她具有强烈的社交意愿和合作精神。她的这些努力最终帮助她融入了集体。

这个案例强调了在教育过程中，理解和尊重儿童的个性和需求的重要性。老师、家长通过积极地干预和支持，可以帮助儿童克服困难，发展积极的人格特质。教育工作者应当关注儿童行为背后的心理需求，通过有效的沟通和适当的心理干预，引导儿童学习积极的应对策略，促进儿童心理健康发展和社会适应能力的提升。

09 以爱滋养，向阳生长

一、情景再现

小珊（化名），女，小学四年级学生，性格文静，成绩较好，担任班干部。在平时的学习生活中，她是一个不折不扣让人省心的乖乖女，但是在四年级时她几次偷拿同学的东西。作为班主任的我在知晓小珊的偷窃行为后，第一时间引导她归还物品并且耐心教育，但其仍然继续偷拿同学的东西。

于是，我与其父母联系，得知小珊从一年级（弟弟出生）时开始出现偷窃行为，小珊妈妈经常在她的书包里发现一些陌生的东西：橡皮、尺子、安静书、发卡、袖套……小珊在得到这些并不属于自己的物品以后往往放置一旁，并不是非常想拥有。小珊妈妈私下将这些东西还给了物品的主人，并且一再告诉小珊："想要什么东西可以和妈妈说，但绝不能偷别人的东西，偷东西是犯法的，会被警察叔叔抓走。"小珊每次面对妈妈的教育都低着头承认自己的错误，可是没过多久又再一次偷窃东西，书包里又出现陌生的东西……小珊妈妈非常生气，甚至在之后每一次发现小珊偷了东西都会狠狠地打小珊，但小珊仍然继续偷。小珊妈妈感到非常疑惑，明明自己对于小珊在物质上的需求都是有求必应，可是为什么她还是要去偷东西？

二、案例分析

（一）家庭因素

为了搞清楚小珊偷窃行为背后的原因，作为班主任的我带着疑问走进了她的家庭。进入小珊的家里，我看见了小珊的爸爸妈妈以及外婆。在与小珊爸爸妈妈交流的过程中，我了解到：没有弟弟之前，小珊是整个家庭的中心，全家人围着她一个人转，什么都满足她，给她买喜欢的玩具、漂亮的衣服、美味的食物……没有她不称心的地方。在她一年级的时候，家里有了弟弟，整个家庭的重心发生了翻天覆地的变化，外婆从围在她身边到跟在弟弟身后，妈妈时刻关注着弟弟的吃喝拉撒，爸爸回家第一件事也是抱弟弟。在小珊与弟弟发生矛盾时，家人说得最多的一句话也是："他是弟弟，你是姐姐，你要多让着弟弟。"家人对小珊的忽视，对弟弟的关心，让小珊心里产生极大的落差，因此小珊认为：所有的家人都不再爱她了，而是只爱弟弟一个人，整个世界都抛弃了她。

（二）教育因素

弟弟出生后，小珊的家庭结构发生了变化，小珊的心理健康迫切需要得到学校的重视。在以往的学校心理教育中，我们更多关注的是孩子的学习焦虑、人际交往等问题，一定程度上疏于调研小珊这一类家庭中孩子的心理健康情况，未能敏锐关注到他们的心理转变，因此未能对他们进行有效的心理辅导。有各种心理问题的孩子不知道怎么调节自己的情绪，最终以问题行为来表达内心的需求。

（三）个性因素

此时的小珊仅仅是一个四年级的孩子，年幼的她缺乏自我调节的主观意识。从心理健康的角度来看，小珊的偷窃行为是一种无意识的心理防御，她想以此来缓解自己焦虑、失衡的情绪。如果家长只是一味地批评和打压她的这一行为，而不去真正认识偷窃行为背后的真正原因，不能从根源上解决问题，久而久之，小珊就容易产生心理障碍。

三、应对措施

要想纠正小珊的问题行为,一方面要改变其认知,另一方面,应引导小珊父母积极营造良好的家庭氛围,让小珊感受到父母的爱。据此,我采用了针对性的家庭教育辅导方案。

(一)打开心扉,真诚交流,构建信任的沟通关系

自弟弟出生以来,小珊的内心积压了沉重的不良情绪,家庭教育的第一步就是引导小珊打开心扉,释放情绪,及时缓解内心的焦虑。

我单独将小珊请到了心理沙龙室。刚开始,我并没有直接与她聊家庭与偷窃的事情,而是问她喜欢吃什么,最好的朋友是谁,平时喜欢看什么书、动画片,放学之后去上了哪些辅导班……等到小珊慢慢放松,从被动回答到主动与我分享她的小秘密时,我问她家里这三年以来发生的重要事情。小珊情绪低落地告诉我是有了弟弟,我进一步问她有了弟弟后自己比以前更开心吗?小珊并没有回答我,沉默了一会儿告诉我:"妈妈说以后弟弟可以陪她玩,弟弟长大后成为男子汉还可以保护她,但是现在她要多让弟弟,好吃的好玩的要先给弟弟分享……"说着说着,小珊小声地哭泣起来。我抱着小珊,轻轻地拍着她的背,缓缓说道:"在老师小时候,有一次奶奶给我和妹妹分甘蔗,奶奶把中间最甜的那一截给了妹妹,而我分到的是没那么甜的一截。为此,我生气地把甘蔗扔掉了,并且在妈妈下班回家后向妈妈告奶奶分甘蔗不公平的状,妈妈听完也只说让我让着妹妹。"听完我的故事,小珊抬头看着我,我轻轻为她拭去泪水,告诉她:"老师懂你的感受,老师想要帮助你,希望你不再继续不开心。如果你愿意,可以和老师说说你的故事。"于是小珊跟我说道:"自从有了弟弟,外婆不再每天做我爱吃的土豆炒肉丝,而是天天精心地给弟弟做吃的;妈妈也不再每次叫我小宝贝,而是叫弟弟小宝贝,有时候我想要妈妈抱抱,想要妈妈陪我睡觉,妈妈也总是说她要照顾弟弟,说我大了要懂事;爸爸每天下班回家第一件事也是先去抱弟弟而不是像以前那样第一个抱我……"

我静静地听着小珊说完一切，问她："你说出来后感觉怎么样？"

小珊："王老师，我感觉我的内心忽然轻松很多。"

我："这里有一个许愿盒，可以许三个愿望，你想许什么愿望？"

小珊："我希望外婆每周末做我喜欢吃的土豆炒肉丝；妈妈每周五晚上陪我睡觉；爸爸回家后第一件事是抱一抱我，如果爸爸回来得很晚，就悄悄地抱一抱我，我是一定知道的。"

（二）搭建桥梁，改善亲子关系

在彻底打开小珊的心扉，知道了小珊的真实想法以后，我与小珊妈妈进行沟通，分析小珊的心理和行为变化的原因。小珊妈妈听完后，沉默了很久，然后缓缓说道："我这三年以来确实忽略了小珊，全身心都放在老二身上，甚至有时候弟弟还会向小珊发脾气……小珊也由此脾气暴躁，我往往就是一通批评，从来没有与小珊好好交流过。在得知小珊有偷窃的行为后，我刚开始是教育她，后面次数多了就是打骂她，但小珊还是存在偷窃的行为，而我害怕老师同学知道以后，小珊从此就被贴上'小偷'的标签，永远抬不起头。"

于是，我提议小珊妈妈召开一次家庭会议，先与爸爸、外婆分析小珊行为的变化与背后的心理因素，我建议家庭中的每个成员都需要做出改变；再邀请小珊对家庭中的每个成员进行打分并说说打分的理由，家庭成员据此反思自己做得不好的地方；最后一家人达成一致并明确要改变的地方。一段时间以后，再让小珊给家人打分，明显发现小珊打的分数比上一次的高。

（三）以身示范，让纯粹的爱，融入生活

为了有效引导小珊父母学会关爱小珊，我决定从自身做起，在学校生活的点点滴滴中去关爱小珊。每天早上，小珊来到学校，给她一个温暖的拥抱；每天上课，用期待的眼神告诉她："王老师的这个问题，希望你来回答。"每次午餐吃土豆炒肉丝时，为小珊多打上一些；每当她情绪低落时，都第一个陪伴在她身边；每天，我都会悄悄地给小珊一张小纸条，上面写着："今天，你是王老师最用力拥抱的孩子""今天，你的回答是最精彩的""今天的土豆炒肉丝你吃得真干净"……这些小纸条作为我对小珊的表扬,请她拿回家大声地读给家人听,并且积攒到一定的数量后父母要实现小珊的一个愿望。就这样,小珊的父母不仅看到了孩子在学校的进步,同时也尝试着在家庭生活的点点滴滴中关爱小珊。

(四)小小妙招,引导家庭教育

为了进一步有效引导小珊的父母理解孩子的心理需求,科学处理老大老二之间的矛盾,我向他们分享了几个小妙招。

1. 老大争宠怎么办?"争宠"从侧面提醒小珊父母,需要多花时间陪伴老大。每天保证陪伴小珊的时间,和小珊一起做她感兴趣的事,和小珊有身体接触,给予小珊足够的爱与安全感,这样小珊的"竞争感"才会减少。

2. 总是争抢东西怎么办?家里的东西可以"贴标签",如"老大的""老二的""大家的",如果这个东西是家里所有人共用的,那么就是家里每个人都可以使用,其他人在用的时候就需要等待;如果不是,那东西的主人就有权利决定是否分享,而其他人要使用时,就需要经过主人的同意。

3. 老大老二闹矛盾怎么办?首先,让小珊参与到和弟弟相关的决策中去,例如:这个玩具该不该买,买什么衣服。让弟弟明白小珊是有决定权的,应对小珊有一定的尊敬。小珊在参与决策和照顾弟弟的过程中,会成为一个有担当的人,也会自然而然成为弟弟的榜样。其次,小珊和弟弟闹矛盾了,向父母告状了,父母一定不能一味地让小珊让着弟弟,而是尽量引导小珊处理这件事,让小珊成长起来,同时让弟弟知道自己不能无理取闹。

(五)重构认知,实现自我成长

在小珊的认知里,正是因为弟弟的出现才导致自己不被家人爱,不再是家庭的中心。因此,从她的内心来说并不愿意接纳弟弟,甚至是厌恶弟弟。一味地给小珊讲道理并没有作用,因此我通过心理辅导来改变小珊的认知。

1. 团体辅导

我事先了解清楚班级里孩子的家庭结构,将家里有兄弟姐妹的孩子分为两个组，老大组和非老大组。老大组吐槽自己的家里有了弟弟妹妹后自己生活的变化，非老大组吐槽平时自己与哥哥姐姐发生的矛盾。经过活动，小珊发现原来不止自己有着来自弟弟的烦恼，很多有弟弟妹妹的同学和自己有着同样的感受；而作为弟弟妹妹的同学也有着来自哥哥姐姐的心理压力与苦恼。由此小珊的心理压力减轻了，并且尝试站在弟弟的角度看待问题，正确处理与弟弟的关系。

2. 用心感受，寻找"爱的例外"

小珊总说："爸爸妈妈和外婆老把弟弟放在第一位，他们最爱弟弟，我是不被爱的那一个。"于是，我请小珊记下那些家人为她做的事情，并引导她从中发现那些"爱的例外"。

小珊："妈妈总是围着弟弟转，一天到晚陪着弟弟玩……"

我："妈妈什么时候把弟弟放在一旁，只把时间留给了你？"

小珊："我每次回家写完作业后，妈妈都会到我的房间来耐心地为我检查作业。"

我："那爸爸呢？"

小珊："爸爸虽然回家后没有第一时间抱我，但是我想要什么礼物，爸爸总是会毫不犹豫地买给我。"

我："还有外婆呢？"

小珊："外婆在我放学后总是会为我准备好水果。"

我："你觉得家人爱你吗？"

小珊："爱。"

在这次辅导后，小珊认为自己不被爱的想法有了改变，意识到家人是爱自己的，今后要用心感受家人对自己的爱。

四、效果呈现

（一）心理变化

在接下来的心理辅导中，小珊"不被爱"的想法有了松动、改变，她不断地感受到家人对自己的爱,重新意识到自己仍然是那个被爱的孩子。

(二)行为变化

小珊在确定自己"被爱"以后,不再有偷窃的行为,并且将以前偷窃的东西交给我,委托我将这些东西还给同学们。

(三)家庭变化

小珊的家人不再一味地将重心放在弟弟的身上,并朝着小珊的心理期盼做出努力与改变,让小珊感受到他们对自己的爱。同时,在小珊与弟弟发生矛盾时,她听到的不再是简单的一句"你是姐姐,你要让着弟弟",而是将处理矛盾的主动权交给姐弟俩,家长更多的是调解与引导。

五、总结反思

在小珊偷窃的问题行为上,正是由于弟弟出生前,家人对小珊的宠爱让小珊一直认为自己是这个家庭的小公主。在弟弟出生后,家庭把原本聚焦在小珊身上的精力转移到了弟弟身上。前后的落差,小珊心理失衡,认为是弟弟夺走了原本属于自己的爱,由此内心极度失落,进而引发偷窃的问题行为。小珊的系列偷窃行为实则是在向家人发出信号,希望家人多爱自己,而不只是弟弟。要想改变小珊的心理与行为,就要首先改变小珊生长生活的家庭环境,优化家庭系统,营造良好的、健康的家庭氛围。

六、专家点评

这个案例深入探讨了家庭结构变化对儿童的心理和行为的影响。它揭示了家庭关注度的转移是如何导致儿童出现适应性问题的,特别是老大在家庭中的地位和角色的变化对其心理健康的影响。

案例中小珊的积极心理品质主要体现在如下几个方面:

1. 自我意识与反思能力。案例中的小珊展现了自我意识和反思能力。在老师的引导下,她能够认识到自己行为背后的原因,并开始理解家庭成员的行为,这是她积极心理品质发展的重要标志。

2. 适应性和弹性。面对家庭环境的变化,小珊虽然表现出了不适应的行为,但在得到适当的支持和理解后,她能够调整自己的行为,这表明她具有适应性和弹性。

3. 寻求支持和帮助的意愿。小珊愿意向老师敞开心扉,分享自己的感受和困扰,这显示了她具有寻求支持和帮助的积极意愿。

案例强调了在有多个孩子的家庭中,孩子的心理需求和行为问题需要得到家庭和学校的共同关注。老师、家长通过有效地沟通、理解和支持,可以帮助孩子适应家庭结构的变化,促进其心理健康和行为的积极发展。教育工作者和家长应当意识到,孩子的行为问题往往是对家庭环境变化的一种适应性反应。老师、家长应通过提供适当的心理支持和家庭教育指导,帮助孩子建立积极的自我形象,发展健康的人际关系。

10 化解一场"游戏危机"

一、情景再现

小李是班上的一名男孩子,平时虽然表现不算突出,但也十分活泼开朗,尤其对美术课十分上心,但他的数学老师却突然向我反映:小李的作业天天拖沓,每次都说忘带,而回顾小李的语文作业,他的答案也和其他学生有雷同的现象。了解到小李的异常,并对他进行了一周的观察后,我决定在课后与他进行一次谈话。

"小李,你最近好像有些心事,数学作业也没有按时完成,是不是遇到了什么困难?"我轻声试图开导。

小李低下头,沉默了一会儿。

"没关系,放心和老师说,如果是什么难以启齿的事情,老师会对别人保密的。"

看我这样说了,小李才小声地对我说:"老师,其实我最近很喜欢玩一款游戏,但我爸妈一看到我玩就会骂我……"

我耐心倾听着他的诉说,了解了小李的近况,原来小李十分喜欢一款手机游戏,每次明明他作业都完成了,也只要求玩一小会儿,但家长依然不让他玩。

"他们总是不理解我,我越想越生气,就想趁他们还没下班的时候去朋友家玩他的手机,回家就说作业在朋友家做完了。"看着小李委屈的样子,我决定跟着小李一起,去向小李的家长了解情况。

虽然小李看起来不是很乐意,但在我的劝说下,还是愿意和我一起回家去和家长交流。

向小李家长说明来意，并让小李回到自己的房间后，我轻声开启了对话。

"最近小李的作业完成得不是很好，我想和你们探讨一下原因。"

听到我这样的表述，小李的爸爸顿时打开了话匣："我就知道这孩子，天天那么晚回来准没干啥好事，老师您放心，我们之后一定严加看管，好好督促小李完成作业……"

在交谈的过程中，我发现小李的父母其实非常关心他的学业，与很多家长一样，他们总是一副严厉的样子，看到小李玩游戏就气不打一处来，就没收了小李的手机，于是才有了小李假借和朋友一起写作业，实际上去玩游戏的事情……

二、案例分析

（一）人际交往需求

小李的情况算是家庭教育中的一类典型案例。身心发展趋于完善的青少年群体，他们有着这样那样的需求。在以往，孩子们做完作业能够在院子里一起玩儿，一起聊聊天，这种在成人眼里看起来不务正业的行为实际上就是孩子们放松消遣的过程。现在楼房越盖越高，邻里之间的关系却越来越疏远，有的孩子甚至可能都叫不出邻居的名字，更别提一起玩了。在这种情况下，孩子们就会把娱乐的需求寄托在手机游戏上，家长如果不能理解孩子的情感需求，只是单方面施加压力，就会出现沟通障碍，进一步加剧矛盾。

（二）逆反心理

在心理学上，逆反心理是指人们为了维护自尊，而对对方的要求采取相反的态度和言行的一种心理状态。动机理论解释了一个人愿意从事某种行为的原因。自我动机理论认为，我们所有人的心理健康都需要三样东西——胜任需要、自主需要和关系需要。当我们得不到这些东西时，就会尝试在其他方面得到满足。在这个案例中，家长和孩子之间的期望值不一致是造成矛盾的重要原因。小李的父母期望他能专注于学业，而小李则希望能获得一些娱乐时间，这种期望值的差异导致了双方的冲突。俗话说，上有政策，下有对策，在家长的严厉要求下，小李出现了逆反心理，同时由于小李的需要得不到满足，小李便对游戏产生了依赖，这种家庭成员间的矛盾越来越剧烈，不但会影响小李当下的学业，甚至会影响小李的一生。

（三）家庭环境的影响

在此案例中，我们可以看到，小李的父母工作比较忙，平时对小李的陪伴和关心较少，导致小李在家感到孤独，想通过游戏来消遣娱乐。由此可以看出，小李有着渴望社交的积极心理品质，游戏中不仅有人陪伴，也能让他和小伙伴之间有更多的话题。在此案例中，小李的行为表现及其背后的心理因素可以通过儿童发展心理学的相关理论来阐释。

同时，我们还观察到，小李的父母工作繁忙，导致小李在家里容易感到孤独，这一现象可以用儿童发展心理学中的亲子关系理论来解读。该理论认为，亲子之间的亲密关系对儿童的情感发展和社会化至关重要，父母陪伴的缺失可能使儿童感到被忽视，从而引发孤独感和情感上的不满足。

所以，小李尝试通过游戏来消遣娱乐，并在游戏中寻求社交的满足。这也反映了儿童心理发展的社交需求，即孩子天生具有与他人建立联系和交流的欲望，这是他们社会化和情感发展的重要组成部分。由于现实中社交机会的缺失，小李将游戏作为满足社交需求的途径，通过与虚拟世界中的小伙伴互动，寻找归属感和情感支持。

另外，小李在游戏中寻找社交机会也体现了他渴望被认同和被接纳的心理需求。根据儿童发展心理学中的认同理论，孩子渴望被他人接受和认可，以建立自我价值和自尊心。在游戏中，小李能够通过与小伙伴的互动和合作，获得认同感和成就感，从而满足这一心理需求。

最后，值得注意的是，虽然游戏在一定程度上满足了小李的社交需求，但过度依赖游戏也可能对他的学习和社交产生负面影响。因此，家长和老师应关注小李的情感需求，为小李提供足够的陪伴和关心，同时引导小李培养健康的社交习惯和兴趣爱好，以实现全面发展。

三、应对措施

（一）尝试换位思考

我对小李的父母说："试着站在小李的角度来看待这个问题，我们自己小时候玩游戏的时候，被家长训斥，会是什么心情？"小李的父母若有所思，点了点头。"己所不欲，勿施于人"，就是说我们自己都不愿意做的事情，就不要强加给别人，这一点对小李来说也是这样的。你们担心小李的学业可以理解，但如果适当给小李一些娱乐时间，比如在小李完成功课之后可以允许他玩20分钟，周末在不影响休息的情况下再酌情增加一点时间，这样小李开心了，也会愿意倾听你们的意见。之后小李的父母学着站在孩子的角度考虑问题，态度不再那么强势，亲子关系缓和了很多，很多事情也就可以商量着来了。

（二）加强亲子沟通

解决问题的首要条件是要消除家长与孩子之间的矛盾，让他们能够心平气和地坐在一起交流想法，让父母理解孩子的娱乐需求，也让孩子理解父母对他的关爱，所以沟通是关键。我建议家长：在和孩子有效沟通的前提下，大家一起制订一个合理的游戏时间表。于是小李父母和孩子商量：每天回家主动完成作业后，可以玩一会儿游戏。但是他们在游戏时间上出现了矛盾，小李的父母希望游戏时间控制在20分钟左右，而小李却坚持认为20分钟太短暂，希望延长到40分钟。小李父母又再次找到我求助，询问能不能在时间上让步。我建议家长：孩子就是想多要一些玩手机的时间，但是时间太长确实影响休息，可以再次与孩子商量，周末可以40分钟，但周一到周五只能20分钟。家长听了我的建议，与孩子一说，双方一拍即合。这一次的亲子沟通，让双方的关系有了缓解，家庭气氛更融洽了。孩子感受到了家长的理解，家长也看到了孩子愿意改变的态度，孩子和家长内心的"情绪小怪兽"都得到了安抚，亲子关系重归和睦。

（三）丰富孩子的业余生活

现在生活压力大，不像以前，一个院子的小朋友能坐下来一起玩儿，但现在大家都住在高楼大厦里，邻里间的关系却没那么近，要给孩子们一些放松的机会。我建议家长在平日里鼓励孩子去找同小区或者同班同学玩耍，进行一些体育锻炼活动，这样孩子的注意力自然就转移了。家长配合我的建议，开始多带孩子到户外运动、露营等，还帮孩子约了一些小伙伴一起，有了户外活动，小李渐渐对游戏的依赖没有那么强烈了。

（四）高质量陪伴孩子

我还建议小李父母：抽出更多的时间高质量陪伴孩子，例如一起阅读、做趣味实验、玩数学游戏、看电影、踏青、旅行，等等。父母可以带孩子去见没有见过的世界，接触没有接触过的趣事，让他知道生活中不只有手机，还有更多有意思的事物。这样孩子自然会将时间和注意力从手机转移到其他事情上。

（五）让孩子自己做主

放权给孩子，小事情让孩子做主。让孩子决定今天吃什么，穿什么，看什么书。如果某些事情必须做限制，那就给出限定答案让孩子做选择，如露营和看电影你选哪一个？不要从头到尾都限制孩子，安排他的生活，在他耳旁反复唠叨，应让孩子学会权衡利弊，择优选择。那在孩子想玩手机的时候他就会考虑玩什么游戏，玩多久合适。总之，家长应让孩子对自己的生活有一个合理的计划和安排。

（六）家长起到表率作用

要想让孩子不沉迷手机，家长也要改掉自己拿着手机不放的习惯。正所谓言传身教，家长在家的一言一行深深影响着孩子。如果想让孩子不再沉迷游戏，家长就要让孩子监督，做好表率作用。家长做好了表率，对孩子才有说服力，家长的劝诫孩子才能听得进去。

四、效果呈现

通过这些措施，小李的表现有了翻天覆地的变化。小李的各科作业完成情况显著好转，据小李反馈，他的父母也给他预留了一些娱乐的时间，对他的责骂也少了许多。在空闲时间，小李父母也增加了带小李外出游玩的次数，积极鼓励小李约班上的好朋友一起玩儿。小李在和朋友玩耍的时间里变得更加快乐，也逐渐对游戏没有那么依赖了。小李的游戏时间慢慢变短，成绩也有所进步，成绩在班里名列前茅。孩子和家长双方都战胜了家庭沟通中的"情绪小怪兽"，家庭氛围也越来越好了。这个案例证明，关注孩子的积极心理品质，及时引导，老师也可以有效地解决家庭矛盾，为孩子的身心健康保驾护航。

五、总结反思

（一）从游戏行为看内心

其实孩子的心理非常简单，无论是家长，还是老师，都应该关注孩子行为背后的本质，这样才能解决根本问题。就像这个案例中，游戏并不仅仅是一种娱乐活动，同时也是孩子探索世界、提升认知的方式，小李告诉我，他玩游戏除了是要放松身心以外，最重要的也是想和他的同学们有共同语言，这种行为正体现了小李对社交的渴望，如果家长不了解，单纯地把游戏当成影响学习的因素，那么矛盾就会产生，最终家长与孩子之间的隔阂越来越严重，以至于影响孩子的身心健康。当然，虽然游戏可以使人放松，但倘若过度沉迷游戏，也会对学业、健康乃至生活造成影响。因此，家长和老师需要理解游戏的双重作用，帮助孩子找到游戏与学习之间的平衡。

（二）如何避免逆反心理

在青少年时期，逆反心理十分常见，较典型的逆反心理就是案例中小李父母对小李严苛要求，最终造成不良后果——你不让我玩，我偏要玩。就像大禹治水一样，孩子的逆反心理也同样存在宜疏不宜堵的规律，家长首先要理解孩子的行为代表着什么。例如同样是玩游戏，有的孩子想要通过游戏融入社交群体当中，有的孩子是没有人一块玩儿，所以想通过游戏来放松。明白孩子的需求之后，家长再对症下药，疏导孩子的心理。

如果孩子想要让自己变得更加合群，家长是不是可以经常带孩子去公园散散心，和其他孩子交交朋友，养成一些健康的爱好呢？又或是孩子没人一起玩儿，那么家长是不是可以经常带孩子出去玩儿，在繁忙的学业中带给他们一丝放松呢？在这些措施的基础上，再适当地给予孩子一些自由的空间，相信许多问题都能够迎刃而解。

（三）化解亲子间的矛盾

在我国，"棍棒底下出孝子"的理念已然深入人心，许多父母总是高高在上，把自己的期望强加给孩子，认为这是对孩子最好的教育。但实际上，这种方式往往忽略了孩子的感受，导致亲子之间的误解越来越深。就像小李一样，父母对他的严格要求，实际上是出于对他的爱和对他未来的担忧，但这种方式却使小李产生了逆反心理。为了化解这种矛盾，父母需要真正理解孩子的内心世界，与孩子进行有效的沟通，父母不仅要告诉孩子"该做什么"，更重要的是倾听孩子的声音，理解孩子的想法，这样亲子间的关系才会更加和睦。

六、专家点评

这个案例描述了一个典型的家庭教育问题，即孩子对电子游戏的依赖以及家长对此的担忧。这个问题在现代社会中普遍存在，尤其是在数字时代背景下，孩子们对电子游戏的接触日益增多，而家长对此往往持保守态度。

案例中小李的积极心理品质主要体现在以下几个方面：

1. 自我调节能力。小李在面对家长的严格管控时，虽然表现出了逆反心理，但他最终能够接受老师的建议，调整自己的行为，这体现了他在自我调节方面的成长潜力。

2. 社交需求。小李对游戏的兴趣不仅仅是为了娱乐，更多的是为了与同龄人建立联系和社交。这种社交需求是小李积极心理品质的体现。

3. 适应性和灵活性。在老师的引导下，小李和他的家长能够共同制订游戏时间表，这表明小李具有适应新规则和灵活调整自己行为的能力。

这个案例强调了家庭教育中沟通的重要性，以及理解和满足孩子合理需求的必要性。家长和老师应该共同努力，为孩子创造一个支持性的环境，帮助他们发展积极的自我调节能力，满足他们的社交需求，帮助他们在游戏和学习之间找到平衡。老师、家长通过有效地合作，促进孩子全面发展，帮助他们养成健康的生活习惯和良好的学习态度，这对于孩子的长期发展至关重要。

11 被爱治愈的坤宝

一、情景再现

（一）初识坤宝

我所任教的六年级二班里有个"特殊男孩"，因为"特殊男孩"的身份，我希望同学们多帮助他、多包容他。他名字里有个"坤"字，所以我带动同学们叫他"坤宝"。目前坤宝已经14岁了，在读小学六年级。这个班在二年级刚开学的时候第一任班主任离职，学校临时找了一个没有经验的代课老师代管，家长意见很大，便向学校申请换班主任，我当时刚送走毕业班，接到学校任务后马上接管这个班，因此我有幸认识了坤宝，陪伴他到现在的六年级。据了解，他是二年级时从别的学校转过来的，他在上一个学校曾经遭遇同学欺凌，心里留下阴影，他来了我们班之后，总觉得大家会欺负他，所以他像刺猬一样保护自己。

（二）留下坤宝

坤宝从二年级开始，就被医院确诊患有严重的情绪病和狂躁症，经常无故打骂同学，哭闹、情绪失控是常有的事。因此，他成了学校的"名人"，全校师生都认识他，包括清洁工、保安。在他的意识里没有上课、下课的概念，上课时会到处跑，因此那时的老师和同学们到处找他，也拿他没有办法。对于坤宝，不光老师和同学们"头疼"，校长也非常"头疼"。三年级时，班里其他孩子的家长担心他会影响自己孩子在校的安全和学习，联名请求学校让他转学去特殊学校。从当时的情况来说，他对于其他同学，可以算得上是一个"安全隐患"，但是，在我看来他毕竟是个孩子，就算身心特殊，也不至于被认为"罪大恶极""被不平等对待"，不至于转到特殊学校。从教18年来，我尊重每一个生命，尊重每一个孩子，我想用"因材施教"的方法帮助他、改变他。每个孩子都是一颗花的种子，只不过每个人的花期不同。有的花，一开始就会很灿烂地绽放，有的花需要漫长的等待。也许有的种子永远不会开花，因为他是参天大树。因此，我下定决心留下他、改变他。首先，我做的第一步是劝说班里的其他家长，在我极力说服下，他才得以留校，继续留在我们这个班里。

（三）奇怪的声音消失了

上课时，坤宝的嘴里经常会不自觉地发出奇怪的声音，严重影响老师和同学们上课，其他科任老师和同学们多次向我反映。有一次他在我的语文课上也发出奇怪的声音，我用手势告诉他："嘘——"下课后我走到他跟前轻声和他交谈："坤宝，你上课为什么要发出奇怪的声音啊？"他见我态度温和，就笑着说："其实吧，我在向外星人发送信号！"我听到他的解释当时并没有诧异，因为我知道他不是拥有正常思维的小孩儿，要想和他沟通顺畅，必须站在他的角度，于是我回答他说："哦，原来是这样呀，你和外星人发送信号，可是我们地球人也听到了耶，这样地球人就会攻打外星人的哟！"他听完有些惊慌地说："那怎么办？"我乘机引导他说："你可以像蝙蝠一样，发出无线信号，没有声音，这样地球人就听不到了。"他那时已完全相信了我的说法，从那以后，再也没有在上课时发出过异响。

（四）我们的承诺

五年级的时候，有一次坤宝嘴巴发炎红了一大圈，我叫他回家让妈妈给他买个唇膏擦，他说妈妈的钱都拿给他治病了。我便承诺他说我给他买一个，但是他必须听我的话，以后不可以打人，有困难及时告诉我，他点头答应我了。当时的情景是他觉得我只是随便说说，他也就随便听听。第二周上学时他又因为座位的事和我闹情绪，还要"离班出走"，我知道他曾经就是这样拿捏之前的班主任，我看着他"表演"，并不去找他，只是悄悄观察他是安全的即可，没一会儿，坤宝便回到教室门口给我暗示他回来了，我也给他台阶下让他回到他的座位。下课后,我把他叫到办公室,从办公桌里拿出给他买的唇膏对他说:"我答应你的事做到了,你答应我的事做到了吗?"他一听眼泪就流了下来,他感到惭愧,便不再闹情绪了。

(五)"同款自信"

有一天,坤宝上完厕所出来洗手,遭到同学笑话,说他穿的衣服是横条纹,说他穿上不好看,他当时听到同学们的嘲笑后没有像以前那样动手打人,而是红着眼睛跑到我的办公室,一边哭一边告诉我,他觉得他被同学嘲笑了。我轻轻地拍着他的肩膀,给他擦拭着眼泪,并安慰他说:"你不要介意,第一,同学们只是说说而已,并没有针对性和恶意;第二,同学们不懂潮流,你看我也有一件和你同款的衣服,明天我穿来学校给大家看。"他听完脸上露出了笑容。第二天我真的穿着和他相像的衣服来到学校,他看到后非常开心。大家异口同声地惊呼道:"坤宝的衣服竟然和老师的衣服是同款,坤宝可真有眼光!"听到同学们的夸赞,他更加自信了。

坤宝是个大馋猫,平时我有好吃的,都会留给他,每个星期五,我的办公桌上都会给他放一块糖,奖励他,因此他也变得越来越懂事,他能够辨别我对他的好,他也知道通过控制自己的情绪去感恩和回报我对他的付出。其实他智商和情商都挺高,学习没有问题,就是情绪不受控制,目前他已经可以适当控制情绪了。在班里,我给他的"地位"比较高,全班同学都知道他是"坤宝",在我的带动下,大家都会包容他一些,他能感受到大家是喜欢他的,他也会善待大家,慢慢地,他成了班级里的"吉祥物",和同学们打成一片。

二、案例分析

(一)家庭环境

我在接管坤宝所在的这个班级时,凭借我18年的班主任管理经验,我对坤宝进行了一系列家访,我了解到,坤宝妈妈在他舅舅公司打工,爸爸也是普通工人。他的家长文化水平不高,关键的一点是他的爸爸性格暴躁，经常因为一点小事打骂坤宝。对坤宝影响比较大的是他的奶奶，坤宝的奶奶是一位朴实善良的农村妇女，自坤宝出生以来，奶奶对坤宝的爱胜过一切。可是天不遂人愿，在他四年级的时候，奶奶去世了，坤宝受到了很大的心理创伤。孩子的内心世界很脆弱。坤宝想不通，这世上对他最好的人为什么这么绝情地弃他而去。那段时光，坤宝难以承受和消化内心的悲伤，所以他时常情绪化，加上妈妈平时工作忙，爸爸的脾气暴躁，对他没有耐心管教和进行心理疏通，爸爸平时工作不顺等引发的负面情绪也都给了坤宝，天长日久，坤宝便有了爸爸的样子，暴躁，经常发脾气。

（二）自身患病

从心理学的角度来讲，父母的性格不仅会"遗传"给孩子，而且在后天的成长环境中，父母的情绪、脾气、难以自控导致的情绪化行为也会深刻地影响孩子。孩子通过观察和学习，慢慢地就有了父母的样子。另外，亲子关系的不和谐、家庭教育的失当，也会导致孩子出现问题行为。

（三）过去的创伤

在原来的学校上学期间，同学们歧视他，甚至侮辱和欺凌他，他的"狂躁症"就越来越严重了。任何他认为想要伤害他的人，为了保护自己，他便总是先动手。

三、应对措施

坤宝胆小、自闭，总是活在自己的世界里，有时又很情绪化。我想改变坤宝的心理状态和行为状态，于是我给他开了一剂"良方"，并按以下措施分头行动。

（一）与家长深度沟通

利用放学时间和节假日，我对坤宝进行家访，与他的父母进行深度沟通。尤其是在了解了坤宝的家庭背景后，我对他的爸爸做了多次访谈，给他爸爸讲解家庭教育的重要性，讲解父母是孩子的第一任老师，父亲应有耐心，不能急躁，不能打骂孩子，要学会换位思考，走进孩子心里，了解他当前的心理状态和需求、痛点，及时关注他、抚慰他、肯定他、鼓励他，帮助他树立信心和勇气，父母应以身作则，从自身做起，学会情绪管理。同时也告诉坤宝的妈妈应做好父子间的调解员，多关心、陪伴孩子，多听听孩子的心声，去理解他、认可他、指引他和爱护他。

（二）与"当事人"深度沟通

我寻找恰当的机会和时间，以某件事为契机，为切入点，与坤宝进行深入沟通。我给坤宝灌输正确的人生观，向他讲解父母平日工作的艰辛，讲述父母对他的爱，告诉他父亲的爱更含蓄、更深沉，没有像妈妈那样表现在小事上。我向他讲述奶奶虽然很爱他，但人终有离开的那一天，应该接受和面对这个现实，奶奶不过是去了另外一个星球，让他学会放下和释然。我向他讲述老师和同学们都很喜欢他，如果他在学校和班级里表现得更讲"规则"，大家会更加喜欢他。我也向他讲述，我希望他做一个像"杨妈"（平日里他对我的称呼）一样有温度的人，多关心父母，关心老师和同学，多关心身边的每一个人，努力成为大家需要的人，努力成为大家喜欢的人。

（三）"心理小屋"不可少

坤宝五年级时常去学校的"心理小屋"接受心理老师的辅导，心理老师根据他的具体情况，与他谈心，采用沙盘疗法，让坤宝放松下来。刚开始我陪着他去，慢慢地，当他感觉心里不舒服、想发脾气或想哭时，他会自己去"心理小屋"找心理老师，每次从"心理小屋"出来，他都会笑着找到我说他的心态有了很大的变化，心情也变好了许多。

（四）表扬、批评与"规则交易"

在班级纪律和日常交际方面，对于他比较好的行为，我会当着同学们的面对他进行表扬和鼓励，帮助他建立信心；对于他不好的行为和没有控制住情绪导致的行为，我没有在大家面前批评他，而是叫他到办公室，和他私下讲解、沟通，直到他理解并认识到自己的不良行为；我"投其所好"，用他喜欢的一些事物、礼品，和他"交易"，从而制订规则对他进行行为约束，帮助他纠正一些以往养成的习惯。

（五）正面引导同学

利用班主任在班级的核心宣导作用，我对同学们进行正面引导，让大家多关心、爱护、包容坤宝，以让他快速融入班集体生活中，正常地学习和生活，让他能够正确地处理和同学们的人际关系。

四、效果呈现

如今，坤宝不再是大家不喜欢的同学了，他和同学们友好相处，每个同学都很喜欢他，也很包容他，家长们也慢慢接受了他，并夸赞他是一个有礼貌、团结友爱、聪慧的好孩子。正如在案例中描述的那样，"奇怪的声音消失了"，在班级里实现了"同款自信"。他在医院复诊，病情明显好转，学校的心理测评显示他已是一个比较正常的孩子了。如今，他和我的关系非常亲密，我很爱他和同学们，他也很爱我和同学们。我们在治愈他的同时，他也在努力治愈着我们。

在陪伴坤宝的时光里，他的家长对我的付出非常感激，对我的工作也非常配合，只要我打一个电话，他妈妈便会放下手上的工作来学校与我沟通。他爸爸也改变了以往教育孩子时易急躁的习惯，变得更有亲和力了，目前父子关系很融洽，一家三口关系很和睦。

五、总结反思

这个案例中的孩子常无故发脾气、打骂他人，这主要是家庭及自身原因引起的。针对孩子的实际情况，老师及家长可以采取如下措施。

一是提升老师的心理健康教育能力。老师应保持冷静，倾听孩子的心理诉求，尝试共情，蹲下身拥抱孩子，抚摸孩子，稳定孩子的情绪。老师应了解孩子发脾气的原因，对于孩子合理的诉求给予肯定和满足，反之可以与孩子耐心地沟通交流，引导他合理地宣泄情绪。老师可以采用榜样示范法、说服教育法、强化法、行为塑造法、代币奖励法等，以及开展"恰当表达情绪"的主题班会,与心理老师协同组织"自我情绪与表达"的团体辅导活动等,调整孩子的错误认知,教授孩子调节情绪的策略,如自我暗示、计数、合理宣泄、呼吸调节法等,帮助孩子保持适宜的情绪状态。老师应加强情感投入,融洽师生关系,有意识地去了解和研究孩子,热爱与尊重孩子,主动与孩子沟通,保护孩子的合法权益,构建民主、平等的师生关系。老师应做"权威型"班主任,一方面为孩子的行为设定明确标准并监督其执行,另一方面也积极回应孩子的愿望、要求。老师应遵循"支持性"的教育理念,孩子没有达到设定的期望时,试着帮助他们,而不是一味惩罚。老师应给予孩子充分的关注,及时掌握孩子的心理状态,包括课上和课下,借助得力的班集体成员、各科任课老师及心理老师的力量,及时察觉孩子的心理并及时有效地对他进行心理疏导。孩子的自控能力较弱,老师应通过创设特定的生活情境,帮助孩子体验恰当表达情绪的愉悦感,逐步掌握调节情绪的方法。

二是家长应提升家庭教育能力,调整教育方式。家长不能放弃"问题孩子",应家校联合、家校互动,帮助身陷困境的孩子早日摆脱心理疾病的困扰,如坤宝取得了非常明显的效果,他从时常乱发脾气、打人、否定自己,到学会冷静思考、善待他人、肯定自己,能够融入班级正常的学习与生活。

六、专家点评

这个案例的成功之处体现在如下几个方面。

(一)老师对孩子存在的问题分析到位

老师遇到坤宝这样的孩子,及时通过多方(前任班主任、各学科老师、家长、同学)对其进行了解,并运用心理学中的换位思考,通过倾听、共情找出隐藏在孩子行为背后的真正原因,并有效解决了问题。

(二)老师对孩子采取的措施有较强针对性

面对坤宝在班级里无故发脾气、打骂他人等行为,老师的处理方式有较强针对性。老师一是保持冷静，倾听孩子的心理诉求，尝试共情，蹲下身和孩子拥抱，稳定孩子的情绪；二是了解孩子发脾气的原因，对于孩子合理的诉求给予肯定和满足，与孩子耐心地沟通与交流；三是通过榜样示范法、说服教育法、强化法、行为塑造法等方法，调整孩子的错误认知；四是加强情感投入，融洽师生关系，有意识地去了解和研究孩子、热爱与尊重孩子，构建平等的师生关系；五是做"权威型"班主任，一方面为孩子的行为设定明确标准并监督其执行，另一方面也积极回应孩子的要求；六是遵循"支持性"的教育理念；七是给予孩子充分的关注，及时掌握他的心理状态，并进行有效的疏导；八是创设特定的生活情境，帮助孩子逐步掌握调节情绪的方法。

12 克服自卑心理，学会接纳自己

一、情景再现

作为一个从教几年的老师，我班上来了一名"随班就读"的孩子。在入学之初，兜兜的妈妈便与我积极沟通，说孩子由于后天原因有点儿听力障碍，需要戴着助听器，平时的交流和沟通没有任何问题，但因为听力的原因，理解能力比同龄孩子稍弱。家长担心孩子因为自己的特殊情况而自卑且不能很好地适应学校的生活。兜兜入学的时候学习比较困难，交际也并不那么顺利。为了帮助她尽快适应学校的生活，拥有健康阳光的心理，我和兜兜家长积极沟通，在给予孩子关注的同时为她营造一个更好的成长环境。

表1　兜兜家庭情况调查表

主要照顾者	妈妈
家长期望	只要孩子性格积极乐观、身体健康就好，成绩是次要的，在她的成长过程对她呵护有加
家庭生活简述	家里只有一个孩子，平时都是爸爸妈妈一起辅导、教育孩子，爸爸妈妈忙的时候由爷爷奶奶照顾，孩子乐观开朗，生活幸福美满
家庭对教育个案的想法	孩子小时候生病影响了听力，这是属于后天的。如何让孩子意识到她与正常人没有区别呢？该表扬时表扬，该批评时批评，不要因为她的特殊情况让她觉得自己和别人不一样，否则会影响她的自尊心

二、案例分析

在小学阶段，女孩身体和心理的发展比男孩稍快，内向的女孩心理尤其敏感，需要老师注意说话和处事的方式。兜兜在与同学交往的过程中存在沟通障碍，尤其是低年级阶段的学生欠缺耐心，在交往中容易让兜兜内心受伤。兜兜较内向，不愿意向老师和家长倾诉自己的感受。经过家校沟通，我和兜兜妈妈达成共识：在学校鼓励孩子，发掘她的特长并加以培养；对待她和其他同学一视同仁，尽量让她心理平衡；平时回家及时询问她在学校的情况，有问题及时沟通。

（一）了解家庭背景

为了更好地帮助兜兜适应学校生活，过年前我带着礼物去看兜兜。她是家里的独生女，在爱里成长的兜兜暂时没有缺爱的表现，平时在家里和学校都能够表现出自己乐观的一面，能够用积极乐观的态度面对生活中发生的事情，但因为各种原因，兜兜很少与同学交流，有时我看见她一个人坐在座位上玩自己的东西。

（二）了解孩子的个性特点

我对这个孩子一直采用如沐春风式的教育方式，给予她更多的耐心。兜兜也总是和家人说我是她的另一个妈妈，很爱她。一次运动会上，兜兜看我没有凳子，硬要把她自己的凳子给我坐，看见我的杯子没水了还主动帮我接。这样一个懂事的天使宝宝让我倍感贴心。一开始我以为孩子是没有安全感，想要通过讨好别人获得好感。经过一段时间的观察，我发现并不是这样。兜兜虽然耳朵弱听，但她拥有超过同龄人的观察力和同理心，具有正义感，遇到班级里不平的事还会向我反馈，但涉及自己的事时兜兜还是比较腼腆，不愿意向大人倾诉，有些好面子。

（三）学业吃力，但品格坚韧

在兜兜的身上我看到了她品格的坚韧和不服输的精神。刚开始接触拼音字母时，许多学生需要反复练习。兜兜学习韵母和声母更为吃力，当时由于流感大家都戴着口罩，兜兜上课看不清我的嘴型，平舌音z、c、s与翘舌音zh、ch、sh很难分清楚。针对上语文课时的特殊情况，我与家长进行了积极的沟通。我在课间单独辅导兜兜过拼音关，回家后爸爸妈妈再帮她巩固。

心理学家阿德勒认为自卑是一个人认为自己或自己所处的环境不如别人的自卑观念为核心的潜意识欲望、情感所组成的一种复杂心理。想让兜兜克服自卑，拥有足够的勇气和自信，需要家庭、学校和社会齐心协力地帮助与引导，这样兜兜才能形成积极乐观的心理和认知。

三、应对措施

（一）国家政策支持以及社会的高度关注

随着教育的发展和进步，融合教育也在不断地跟进和变化。早在20世纪80年代，我国就提出开展残疾儿童少年义务教育阶段随班就读工作。"加强随班就读是中央的明确要求，对实现特殊教育公平而有质量发展，促进残疾儿童少年更好融入社会生活具有重要意义。"

在政府大力支持和社会的关注下，学校开展融合教育，为特需儿童配备了专门的特教老师，在资源和教育上倾注心血。当听障学生在面对困难时，家长应该调整心态，保持冷静，不要太紧张和焦虑。在融合教育的过程中，学校培养听障儿童个体积极发展，鼓励他们多参与社会活动，增强自我认同感，逐渐适应学校的集体生活，帮助他们顺利过渡到以后的社会生活。

（二）家校协作，为孩子健康成长保驾护航

1. 培养班级良好风气，多次开展心理班会课程

我会在固定的时间开展心理班会课，对同学们进行各方面的教育。兜兜在我的班会课上明白了自己虽然身体特殊，但在人格和心理上并不特殊，她和普通的同学一样受到同等的对待。相互帮助成了孩子们经常做的事，兜兜和普通同学在学习和品德上被一视同仁。班会课上我采用视频、小游戏、绘本故事、情景剧等方式，让兜兜和全班同学接触；教会他们尊

重别人、将心比心等，让整个班级的氛围友好善良。在平时的班集体活动中，同学们通过小组的形式交流和学习，同时我会指定一些小朋友带着兜兜参与，帮助她更快适应班级活动。更多同学的参与和帮助，以及耐心听兜兜表达，让她更好地融入了这个班集体。

2. 定时交流，规律家访

对待兜兜，学校和老师们会定时、有规律地家访和观察。不同阶段的学生在学习、成长中的表现不同。兜兜是个乐于助人的孩子，遇到同学有困难时，总是第一个挺身而出，在班集体里极受欢迎，但是兜兜敏感，有些事会一个人憋在心里，我担心时间久了她会压抑，所以经常为她送关爱和祝福，也会经常向家长反馈她最近的情况，以方便对她最近的教育计划做调整。兜兜也慢慢地学会了在沟通中表达自己的需求，更加坚强乐观。

3. 积极的心理暗示，不以分数论英雄

在当今时代，不应再以分数论英雄，而应该注重孩子的思想品格和行为习惯的培养。兜兜的适应能力极强，能够独立完成各项任务。老师和家长从来没有给她太多学习上的压力，只要在规定的时间完成相应的任务，就会给予她表扬和鼓励。同时家长也希望她健康快乐成长，分数不是最重要的。我们在学习上减轻兜兜的压力，兜兜反而自我要求严格，能够自觉完成老师布置的任务，在班里表现突出。期望效应认为一个人对事物的期待会影响他的行为、态度、表现和结果等。家校在生活和学习上多给予兜兜积极的心理暗示，能帮助她克服自卑心理，变得大胆自信，成就不一样的自我。

（三）心理上接纳自己，勇敢去完善自我

1. 一视同仁，平常心看待

兜兜虽然有点儿特殊，但她有极强的自尊心，也渴望得到大家的平等对待，我在学校给予她特别照顾的同时也会注意有些事情该一视同仁，不要让她觉得自己与别人有不同，否则时间久了兜兜心里会产生抵触情绪。即使是为了照顾她的特殊，也要维护她的自尊心。平时我和家长对待兜兜都是采用温和、鼓励的方式，在学校和生活中教会她辨别是非，保护好自

己；得到表扬要大声说出来，如果受委屈也要及时说出来，最重要的是通过活动和聊天不断增强她的自信心。自信心和自尊心是她以后成长的最强助力，我们应该努力培养这些，而不是把她培养成不堪一击的花朵。这个世界需要善意，但更需要强大的精神力。一视同仁有利于培养孩子的抗挫折能力。老师和家长对待特殊的孩子要有平常心，不要过于小心，也不要疏忽大意。

2. 听力障碍孩子发展的个性化教育计划

每一学期我都会为兜兜制订个性化教育计划，对她的生活、学习、习惯、品德、交往等方面的培养做出计划和调整。平时我会和科任老师对兜兜的学习进行预测和计划。

兜兜因为听力障碍，刚开始不太自信。家长也担忧兜兜会不会因为自己和别人不一样而自卑。在和家长交流沟通时我们提到了期望效应，就是多采用积极心理暗示，多表扬、多鼓励兜兜，引导她上进和努力，弱化她觉得自己和别人不一样的想法，从而产生自己和别人一样的心理暗示，进而在她的成长过程中培养她的自信心。

表2 为兜兜制订的个性化教育计划

健康状况	生理健康、心理健康、疾病	优势：生理健康目前良好	测量方式：日常观察和心理沟通	日期：11月1日
感官功能	视觉、听觉、触觉、平衡觉	优势：视觉、听觉、触觉、平衡觉均正常	测量方式：观察感官活动	日期：11月2日
知觉动作	精细及粗大动作协调、操作、运动技能	优势：知觉动作均正常	限制：无	日期：11月3日
生活自理	饮食、排泄、穿脱衣服、上下学等衣食住行	优势：能够很好地自主完成	观察日常生活	日期：11月4日

四、效果呈现

经过一年多的学习，兜兜逐渐适应了学校的学习生活，并掌握了许多学习的方法和技巧。在课堂中没有听懂和学习到的知识，会请教老师和同学，自学时会用笔进行圈画和勾选，具有一定的自我学习的能力，体现在查字典、请教问题、看课外书等方面。在学习上，老师进行了多方面的追踪和跟进，对她的学习情况了然于心，同时引导她端正态度，正确地看待事情，能够明辨是非。

兜兜的性格热情似火，共情能力强。兜兜良好的性格需要得到肯定和鼓励。运动会期间，兜兜会主动帮同学拿衣服，积极参与班级的活动，帮助有困难的同学。性格开朗、活泼的兜兜遇到困难敢于克服，值得赞扬。

五、总结反思

教育的道路是曲折的，但前途是光明的。兜兜这个听力存在轻度障碍的孩子在经过一段时间的努力后，很好地适应了学校的生活。她不仅能够独立、快速地完成自己的事情，还能帮助那些落后的同学一起进步。刚开始面对兜兜，我有些手足无措，慢慢地相处下来，我发现兜兜甜美乖巧的外表下有一颗善良坚强的心。对待兜兜我会用更多的耐心，但是因为工作的忙碌，有时我很难静下来陪兜兜一起聊天或者做游戏。有时看她想和我亲近却又不想打扰我的样子，我都特别心疼。我觉得老师不仅要关注自己的教育教学水平，更要注重孩子们个性化的发展，以及他们内心的丰富活动，做一个能读懂孩子心灵的老师，成为他们生活中的另一个知心伙伴。

如今兜兜已经是一名优秀的班级"三好学生"，获得了班级里的各种奖状，成绩优异，品学兼优。兜兜虽然听力受损了，但她获得了敏锐的观察力。所幸，在孩子进入我的班级后，我就为她营造了一个良好的班级氛围，从有同学嘲笑兜兜，到同学们在一次又一次的教诲和学习中明白了尊重，明白了将心比心。兜兜现在已经成为一个性格积极、开朗活泼的孩子。作为一名人民教师，我觉得要足够重视学生生活习惯和思想品德的养成，更不能忽视孩子心理的健康发展。量变产生质变，只有足够的爱和引导，孩子才能够飞到更广阔的天空。这个过程是漫长的，也是美好的。陪伴孩子成长，路上繁花盛开。

阿德勒对自卑感有特殊的解释，认为它是一种不能自助和软弱的复杂情感。自卑感是可以通过调整认知和增强自信心并给予支持来消除的。我们要做的就是帮助兜兜战胜自卑心理，鼓励她多多参加集体活动，培养自己的性格，培养坚韧和勇敢等美好的品质。

六、专家点评

本案例比较特殊，兜兜是一个有听力障碍的孩子。心理学家认为，听力障碍不仅会对儿童的言语、智力发展和社会适应造成严重阻碍，同时对其个性、情绪情感的建立和发展都有不同程度的负面影响。有资料显示，失聪儿童较正常儿童会更多出现自闭、自卑、固执、暴躁、易情绪化等个性和情绪问题。

兜兜是个低年级学生，当她察觉到自己与别人不一样时，自卑感会更甚，这就需要老师和家长加以引导。

班主任老师为孩子创设了一个友善、互相帮助的班级氛围，让兜兜在积极的心理体验中学习和成长。家长和老师也在不断地给予孩子正能量以培养她的抗挫折能力。这使得兜兜从刚开始不适应学校生活，到逐渐能够和同学们愉快地学习和玩耍，目前孩子各方面的适应较好。这些都离不开老师和家长春风化雨、润物无声的爱。兜兜的性格热情似火，共情能力强。老师们巧妙地抓住这一点，不断地鼓励她，培养了她善良与爱、正义与勇气等积极的心理品质。兜兜在积极的心理体验中感受到爱，内心的感恩、热情、真诚等积极心理品质不断被强化，并逐渐内化为个体稳定的心理品质。

中学

引领·支持
在背后和孩子身心同向

要成为一个人,等同于自己的人,前提是要信任自己的起源,并有从中摆脱出来的勇气。——埃里克森

青少年期是从十一二岁一直持续到十七八岁的一个发展过渡期。这一时期,孩子会发生很大变化,我们通常所说的青春期就包含其中。这一阶段的孩子会有非常美好的憧憬,也会有很多烦恼,他们的自我认识会快速发展,"我是谁"的矛盾会更加突出,成人意识特别强烈,会遇到来自自己与自己、自己与外部世界之间的碰撞和矛盾,他们的身体激素水平会迅速升高,随之而来的情绪波动也会变得更大,虽然他们自控力在增强,但面对狂风暴雨式的内外矛盾,他们依然显得缺乏自我掌控力,因此很多学者把青春期比作"危机期"。家庭教育在这一时期更加要经受住考验,父母提前的学习与准备必不可少,此时父母的角色应从站在孩子的身旁起"匡扶作用"逐渐转变为退到背后给孩子支持。

------------------------------【 心理现场 】------------------------------

小C,男生,上初中后非常热爱学习,善于交往,乐观开朗,是父母和老师眼中的好孩子。小C的父母都从事IT相关职业,父亲做芯片设计,母亲从事信息安全工作。父母希望小C将来学习理科,从事和高新技术相关的职业,因此不断在小C的日常生活中强化这样的认知。进入初三以后,小

C感觉同学之间不够真诚，每天的学习非常无趣，老师要求近乎苛刻，他开始频繁抱怨、焦虑烦躁。每次情绪爆发后，父母不但不安慰，反而强烈压制，害怕影响小C的中考。焦虑的父母控制不住给小C提各种学习上的要求，不断指出他的各种问题，这让小C非常反感。因此亲子之间的矛盾激化，班主任出面调解过多次，仍然无用。初三最后一学期，小C开始找各种理由请假，回避上学，还整天拿着手机刷短视频、玩游戏，亲子冲突进一步加剧。虽然勉强上了高中，但小C的境况并没有得到好转。随着高中学习难度的增大，小C在学业发展、人际交往等方面都出现了较大的障碍。父母要求小C必须利用周末和假期加强补习，小C极度反感。在做了充分准备以后，小C在一个春日的下午离家出走了。后来虽然找回了小C，但小C拒不和父母、老师沟通。事后小C父母开始自我反思，在专家和老师的指导下，他们决定暂停工作，利用寒假带着小C沿着黄河上游一直旅行到黄河下游，让他感受中华文化的变迁。他们还去了大山支教。小C父亲利用小C情绪较好的时候多次和他促膝长谈，主要倾听小C的想法和对未来的规划。经过深入交流，小C父母发现小C并不喜欢他们规划的发展路径，他喜欢美术和手工，希望将来从事设计工作。经过反复商量和思想斗争，小C父母决定支持孩子的选择，并全力帮助孩子学习美术。进入高二后小C不仅在艺术方面有了快速的进步，在文化成绩方面也有很大提升。亲子关系恢复正常，后来小C如愿以偿考上了自己理想的大学和专业。面对青春期的冲突，我们如何才能真正"懂"孩子？什么是真正地尊重孩子？如何看待青春期逆反？这些问题都是父母需要深入思考的。

【身心特点】
青少年身心发展特点

青少年期是性格形成的关键期，是一个人自我意识快速发展的重要阶段，是个体从幼稚走向成熟，并不断社会化的阶段。其特点具体来说主要有以下方面。

1. 在身体发育上，该阶段的青少年正处于第二性征发育高峰期，个体逐步走向成熟，身体激素水平增长快速且不均衡，身心发展也呈现不均衡性。

2. 在认知和心理发展方面，皮亚杰认为该阶段的青少年思维发展处于形式运算阶段。这个阶段的青少年能够想象各种可能性，特别是随着认知能力的提升，他们具备了较强的推理能力。皮亚杰研究发现，教育与文化对促进学生的认知发展具有举足轻重的作用，因此，此时的家庭教育、学校教育就显得尤为重要。与皮亚杰略有区别，大卫·艾尔金德认为虽然这一时期的青少年的认知成熟度已经有了较好的发展，但是他们的思维不成熟性也非常明显，他们可能对待成人表现出粗鲁无礼，可能为每天穿哪件衣服而感到头痛，还可能经常觉得好像整个世界都是以他为中心。此时期的孩子有两个非常明显的特征，一是假想观众，二是个人神话。他们会觉得周围所有的人都像自己一样在乎自己，都在时刻关注自己，这种假想观众尤为强烈，而且会一直持续到成年期。他们认为自己是特别的，自己的经历也是独特的，规则是用来约束除自己以外的其他人的，比如其他人玩游戏会上瘾，但自己不会。假想观众和个人神话既给青少年带来希望也给青少年带来矛盾与冲突。

3. 自我同一性整合较好则健康成长，若出现角色混乱则可能带来成长的烦恼。一个人只有充分接纳自己的过去，才能更好地立足现在和面对将来。埃里克森认为这一阶段的核心问题是自我同一性的整合，即自我意识的确定和自我角色的形成。该阶段个体逐渐疏远了父母，从对父母的依赖关系中解脱出来，而与同伴们建立了亲密的友谊，从而不断社会化，产生同一感，这种同一感可以帮助青少年了解自己以及了解自己与各种人、事、物的关系，以便顺利地进入成年期，否则就会产生同一性的混乱，如自我怀疑、自我否定、情绪对立、盲目顺从等。埃里克森还认为这种混乱如果不能解决，将来还会在特定的矛盾中再现，甚至恶化。

【家校共育建议】

1. 我们要正确看待青少年的逆反现象，要看到逆反行为背后的积极价值。案例中的小C就是在初三出现了逆反现象，正好处于初升高的特殊时期。父母期望孩子能上一个好的高中，便选择了一个他们认为"好"的发展方向，于是给孩子提了很多要求，但这些要求非但不能转化为孩子的需求，反而变成了破坏亲子关系、激化矛盾、唤起冲突的诱因。与其说小C的各种逆反行为是对现实的各种不满，不如说是小C在整合"我是谁"的这个问题上还没有同一起来，他需要通过和父母、和学习、和这个世界之间不断发生冲突来确定自我，只有经过这些冲突，小C的边界感、掌控感、分寸感等才能建立起来。家长是助力而不是主力，案例中的父母意识到了这个问题后迅速做出了调整，全力支持孩子的人生选择，及时把孩子从冲突中解救出来，可谓是智慧之举。

2. 倾听想法是孩子最希望父母做的事。很多时候，青春期的孩子对抗父母，并不是因为父母说得不对，而是仅仅想坚持自己的立场，即便自己的立场是错的，他们也想通过这种方式来建立确定感。所以对于青春期的孩子来说，是非对错不重要，重要的是那是"我的想法"，家长如果能够学会倾听孩子的想法，就能和孩子做朋友。当然孩子会有很多来自内外的矛盾，情绪化就是他们常态，接纳孩子不合理的情绪，允许孩子表达，不轻易贴道德标签，你就能成为孩子的知音。

3. 预防自伤行为，及时给孩子提供帮助，不要让孩子用"装病"的行为去回避困难。如抑郁情绪，尤其是女生可能有假装和想象的成分，但时间久了就会假戏成真，最终发展成疾病。青少年自伤、自杀行为现已成为全球问题，且主要爆发于中学阶段，尤其是初中，其影响因素非常复杂。大量研究发现其主要影响因素有家庭关系、人际交往、生活技能缺乏等，尤其是父母离异处理不当所带来的创伤。作为父母，及时察觉青春期孩子的情绪，及时疏导孩子的情绪，与孩子保持良好的沟通，从小培养孩子良好的人际交往能力、生活技能以及面对困难时的勇气与毅力尤为重要。

4. 和孩子一起做好生涯规划，激发和引领孩子的理想信念。埃里克森认为，孩子通过自身努力而获得的成就感可以有效促进自我意识的成熟。因此家长要思考如何基于孩子已有的优势、先天禀赋和后天能力来帮助孩子增强对未来规划与憧憬的意识。父母应支持孩子，让孩子在不断尝试中获得成功和体验，进而激发成长内驱力。当一个人对未来充满期望时，他的焦虑感就会降低。生涯规划不应该像案例之初的父母，只是给孩子规定一个方向、确定一个职业如此简单粗暴，而是应该基于对孩子的性格、兴趣、能力、价值观充分了解的基础上，给孩子提供可供选择的信息，培养他们分析的意识、选择的能力，让他们具有方向感。

总之，父母的引领和支持对青少年期的孩子的成长具有重要意义，父母和孩子彼此都要有角色意识，主动调整角色，做好转换，彼此方能找到合适的位置。

13 用耐心、细心、爱心浇灌每一朵花

一、情景再现

　　小陈，七年级男生，初一进校不足一个月，打了三场架。上课时他随意插嘴讲话，即使是在班主任的课上，依旧是我行我素。他性格暴躁，纪律散漫，做事马虎，贪玩好动。最大的问题是情绪难以自控，容易被激怒，喜欢用拳头解决问题，同学们在了解他的性格后，纷纷避而远之。

　　小陈酷爱篮球。众所周知，在篮球训练中，同学间的肢体碰撞是非常正常且常见的现象，但小陈总认为别人故意撞他，或故意不传球给他。于是经常会对同学报以粗口。一次训练中，一位高年级同学因看不惯小陈的日常言行就委婉地提醒他。小陈却怒骂对方，动手动脚，两人随后发生肢体冲突。经老师、同学劝阻，双方停息，高年级同学主动和解。大家本想事情到此为止，未料，小陈又返回训练场，欲报复同学，情绪一发不能控制。其父赶到现场，不停斥责对方，并索要赔偿。最后在老师和同学的调解下，事态才得以平息。

　　曾与小陈在同一所小学的同学回忆，小陈在小学时基本上没有朋友，与同学、老师的关系都不融洽，打架事件频发。处理小陈的事情时，家校双方未充分沟通，导致家校关系受阻，小陈家长还曾投诉学校处理问题不当。小陈由此更加我行我素，最后成为让老师们头疼的孩子。

二、案例分析

这样一个让人头疼的孩子，让新接任这个班的年轻班主任不知所措。于是德育处主动出击，邀请班主任、心理老师一起分析到底是什么原因导致了小陈目前的情况。

（一）亲子关系不和谐

小陈父母属外地进城务工农民，文化程度为初中。小陈父母一直没有固定工作，大部分时间从事超市营业员的工作，空闲时在家附近摆摊做些小生意，十多年来一直租房生活。其父少言寡语，长期酗酒，家庭教育方式简单粗暴。父子俩曾因家庭琐事发生口角，继而上升为拳脚相向，最后警察介入才结束争执。平时父子间也很少沟通，父亲对孩子期望较高。在高期望下，父亲对孩子的批评就过于严厉，甚至用粗话谩骂。小陈父亲的本意是想激起孩子的自尊心，让他知耻而后勇，但事与愿违。

小陈母亲性格也暴躁，对孩子有时要求严格，有时又溺爱放纵。母子关系相对融洽，但小陈母亲的教育方式依然是简单粗暴，常常恶语训斥，如果小陈实在不听不改，小陈母亲就退让纵容。小陈一直在挑战母亲的底线，小陈母亲也在不断地无原则退让。

父母从小教育小陈受到欺负要以牙还牙。父母对于小陈与同学发生的冲突，不会深挖原因，也没有理性分析，只是单方面相信小陈的话，这也导致了小陈常常在老师和父母面前说谎话，导致家校矛盾升级。同时，若小陈不顺父母心意，父母也是直接一顿暴打，暴打后也不会和他讲道理。长此以往，小陈坚信：暴力可以解决所有问题。

我查阅文献发现：初中各年级孩子的亲子关系与孤独感呈显著负相关，且同伴关系是亲子关系影响孤独感的中介变量。亲子关系与初中生的自我价值感呈显著正相关，良好的亲子关系对初中生自我价值感的建立具有积极作用，不良的亲子关系对初中生自我价值感的提高有阻碍作用。小陈的暴力倾向和低自我价值感源自亲子关系不和谐，与其父母简单粗暴的家庭教养方式密切相关。

（二）网络成瘾

小陈父母忙于生计，陪伴孩子少，觉得亏欠孩子，所以对孩子使用电子产品的行为不加约束。在小学时，小陈就开始看暴力、攻击性的动画片。长大后接触到手机，小陈喜欢看小视频，经常刷一些粗俗视频，模仿里面的言行。小陈父母认为，孩子只要不是用手机打游戏，玩玩也无妨。所以小陈刷小视频的时间常常是一整天，到后来已经到了"机不离手"的地步。谁要是拿走他的手机，他一定会暴跳如雷。大量不良视频的刺激不断固化小陈的行为与认知，加之父母也没有给小陈树立正确榜样，这让小陈更加认可这种错误的行为方式。

我查阅文献发现：初中生网络成瘾与亲子关系具有显著负相关，亲子关系越好，子女越不容易出现网络成瘾行为。所以改善亲子关系尤为重要。

三、应对措施

为改善小陈的学习和生活状态，班主任和学校心理老师一起商讨研究，为小陈制订了个性化的教育措施。

（一）温暖父母，缓和亲子关系

学校秉承以"温暖家长来温暖学生"的教育理念，为小陈建立了"一生一专班"关爱小组，学校分管校长、德育主任、班主任、学校心理老师、小陈父母，组建了专属小陈的微信群，便于随时交流。

1. 改善家校关系

老师们做足功课，充分了解小陈的兴趣爱好，发现他的优点，比如，老师们发现小陈热情开朗，愿意与同学交流，而且大家发现每次发生争执，都是对方在言语上惹恼小陈，导致他情绪激动。科任老师反映，小陈上课后的前十分钟较专注，积极听讲；语文家庭作业基本可以完成，书写较工整。心理老师从同学那里了解到，小陈愿意为班级服务，独居家中时，会自己做饭洗衣。当各位老师将收集到的信息转述给家长时，家长吃惊于老师们的用心和细心，家校关系逐渐缓和。

2. 密切家校沟通

在专属微信群中，班主任会及时告知家长孩子的在校表现。家长看到孩子的良好转变很欣慰，紧张的家庭氛围逐渐缓和。老师给家长布置作业：一天发现孩子的一个优点，及时鼓励孩子。在老师们的调解下，小陈与父母进行了多次坦诚沟通，父母主动改变语言表达习惯和行为方式，为小陈树立榜样。小陈在家校沟通的无缝对接下，不敢再虚报信息。

3. 改善家庭关系

心理老师利用家庭系统排列法，帮助小陈及家长改善家庭关系。家庭系统排列法是指家庭系统中有普遍存在的自然秩序影响着每一个成员，当每个成员都恰如其分时，爱就会有效流动。系统有效排列可为所有想与伴侣、父母、子女等维持和谐提供一些可靠的指引，同时为已破损的关系提供解决方法。它是通过角色扮演及互动，探讨人们所面临的心灵困境，让人们更有力量地调整人际互动，更清楚地规划个人生涯。小陈妈妈溺爱孩子，没有担起理性教导的责任，父亲对小陈粗鲁，谩骂小陈，没有做好父亲的榜样。夫妻关系的不和谐加剧了亲子关系的不和谐。心理老师通过家庭系统排列法，让小陈的家庭关系更加和谐。

4. 搭建自信舞台

小陈喜欢打篮球，体育老师和班主任通过班级篮球联赛、班会课等让他展示篮球特长，不断增强其自信心。

（二）同伴督促，形成教育合力

朋辈心理辅导是从朋辈辅导衍生出来的概念，是指年龄相当者对周围需要心理帮助的同学和朋友给予心理开导、安慰和支持，提供一种具有心理辅导功能的帮助，具有自发性、义务性、简便有效性，通常是由同龄人来担任辅导员。初中生在意同伴评价，希望在同伴认同中找到成就感。于是老师引导同学们一起帮助小陈。

首先，通过班干部的帮助和约束，引导小陈养成良好的日常行为和学习习惯。由小陈认可的班干部去鼓励他，发现进步及时表扬，做得不好时及时纠正。

其次，当小陈表现好时，班委干部合议投票让他负责班级事务。这样既能约束他，也能增强他的集体荣辱感，培养其团队精神。

最后，小组间互帮互助。各科老师在课堂学习中，设置多种小组任务，让小陈与同学协作完成，这让小陈在小组中有了存在感，体会到了成就感。分配小组时，班主任将性格温和、善于理性思考的同学编入小陈组，让其逐渐习得平和理智的处事方式。

（三）规划界限，增强自我约束

针对小陈的打架行为，班主任让其写清过程，厘清双方责任，根据责任来制订惩罚措施，这让小陈很服气。他说，以前打架，所有的问题都指向他，所有的错都在他。他觉得不被理解，进而破罐子破摔，脾气越来越差。现在老师的处理方式让他感受到被尊重。班主任与家长一起为他开出了"惩罚约定"。因为我们知道小陈还可能继续用暴力解决问题。如果每次都是长篇大论地讲道理，再认错，再犯，小陈最终会反感。

于是我们约定：先从认知上讲透用暴力解决问题的弊端，再告知小陈控制情绪的方法，即凡事想"三秒"，凡行停"三秒"。如再违规定，先还原事情经过，厘清责任。第一次自愿罚站一节课，反思自己的问题。第二次反思半天，写出改正措施。第三次……第四次……第五次……反之，如果一个月不打架，怎样表扬？两个月不与同学发生肢体冲突，怎样奖励……

每写一条，我们都反复征求他的意见，是不是惩罚太重了？奖励是否可行？在和谐的氛围下，小陈非常自信地承诺不会再犯。在这样的激将法和鼓励下，最后制订了层层递进的惩罚和奖励约定。老师、家长、学生三方签字确认，正式生效。

四、效果呈现

转变一：行为自控能力提升。约定制订后，小陈又犯了一次。写完事情经过后，我们依规对其进行了惩罚。面对自己写下的约定，小陈没有异议，甘愿受罚。一学期内，小陈没有再出现打架事件。

转变二：对错误的认知能力增强。小陈在同学和老师们的包容和帮助下，学会了用理智解决问题。他始终牢记：凡事想"三秒"，凡行停"三秒"。想一想处罚，再想一想有没有更好的解决方法，先平复心情再处理问题。现在小陈的脾气有了明显的好转，基本上能克制急躁情绪，与同学的摩擦逐渐减少。虽然偶尔也会跟同学发生争执，但事后会主动承认错误并道歉。

转变三：家校关系、亲子关系逐步融洽。老师通过家庭系统排列法逐步改善了小陈家的亲子互动模式和家庭教育方式，特别是在积极评价的导向下，小陈被鼓励，被接纳，正面积极情绪增多。在家中，小陈父母的教养方式也在逐步改善，首先是不再动手打他，遇到亲子矛盾，父母尽量耐心地和小陈讲道理。家中琐事也约法三章，尤其是手机的管理，家庭成员相互监督，共同进步。

五、总结反思

初中生在思想、心理、行为习惯上，大多已形成定势，需要循序渐进地改变。这个过程需要老师有坚忍不拔的精神，持之以恒的耐心，因势利导的智慧。改善家校关系、引导家长根据孩子的实际情况调整教养方式，才能促进孩子健康成长。

六、专家点评

初中生虽能区分自己与他人的想法，但认为别人也同样关注他们的一切，因而他们会制造出假想观众，感觉自己每天都生活在舞台上，不断地受到别人的欣赏或批评，这种状态会持续到高中阶段。所以他们的情绪波动会大于其他年级的学生。如果家长和老师不能理解、注意到他们的情绪，他们就会片面地认为自己不被理解，不被重视，从而滋生出更多的负面情绪。初中老师要走近学生的内心世界，感受他们的尴尬、委屈、愤怒，尽量不在公众场合批评责备他们，多让他们体验公平、友善、自信，激发他们的创造力和好奇心。

　　家庭关系的融洽对于初中生的成长起着重要作用。老师通过家庭系统排列法帮助小陈。老师通过朋辈互动理论，让学生帮助学生，一起约束、鼓励小陈的方法非常巧妙。案例中，班主任调动了与小陈相关的所有正向力量，如让老师发现其优点，让同伴评价、强化其优点，用家校沟通放大其优点。最终让小陈感受到大家对他的友善，进而逐渐改变行为模式。

　　在处理小陈犯的错时，老师培养小陈约法三章的契约精神很实用。老师通过情境复盘，厘清责任，实施分步惩罚，这让小陈感受到公平。奖惩公约的制订，充分尊重了小陈的意愿，让他明白犯错必须受到惩罚，公平正义的种子逐渐在他心中生根。初中生具有创造力，由他们创造并建立的规则，他们会更加主动去维护。相信小陈在老师、家长和同学们的帮助下，自律、友善、宽容等积极心理品质最终会形成。

14 别让微笑掩盖了抑郁

一、情景再现

（一）分班后一周——井然有序

开学第一周，作为新手班主任，面对51个陌生的学生，我内心是紧张与忐忑的。让人庆幸的是，班级管理井然有序，我每天走进教室心情都十分愉悦，尤其是看到李同学时，她总是一副笑嘻嘻的样子，我觉得这位女同学格外阳光。

（二）突发性问题——教室自杀

一张小纸条塞进了我手里。我心里一紧，大步走出教室，拿出纸条，几行大字出现在我眼前："何老师，我觉得李同学状态很不对，下午昏昏沉沉的，她说她真想一觉再也不醒过来了。"我以为李同学只是情绪还未恢复，毕竟昨晚她在教学楼大哭了一场。今早，李妈妈告诉我："她只是觉得压力大，释放了一下情绪，今天已经恢复好了，还是正常来校学习。"为了更加准确地掌握李同学的情况，我还特意找了她同桌王同学了解情况，并叮嘱王同学多注意一下李同学的情绪状态。这才有了这张小小的纸条。

我先是走到李同学旁，喊了她三声，她没有回应我。我将手搭在她的肩膀上，试着再次唤醒她，发现她还是没动静。新手班主任遇到新问题，难免紧张，我心想："李同学醒后如果没能安抚好她的情绪，我该怎么办；如果有其他突发情况，我该怎么处理……"渐渐地，她小声地回应了我，当她看向我时，我感觉李同学不像是哭过难以控制情绪的样子，她迷迷糊糊的，神志似乎有些不清醒。我害怕打扰其他同学自习，便与晚课陈老师以及同桌王同学开始扶着李同学往办公室走去，想弄清楚她到底是怎么了。是情绪过于激动？还是伤心过度？我扶着她走时，觉得很不对劲，她全身都是软软的，双腿使不上劲儿。

我们把李同学扶坐在椅子上，开始询问李同学情况。一开始，李同学说话颠三倒四的，我意识到她似乎是吃了什么，马上询问她是不是吃药了。我立即打电话给校医，又让王同学去她座位上看看有没有什么药物。不一会儿，校医和同桌王同学都来到了办公室，王同学将药物拿给我看时，发现药已经吃完了，只剩一个空壳子。我和校医意识到情况不对，马上拨打"120"，同时立即向学校相关领导汇报了情况，并联系其家长。我陪着李同学一起去了医院，在路上，她似乎清醒了些，她哭了，嘴里一直说着"对不起"。我看着很是心疼，握着她的手说道："我会陪着你的。"

到医院后，我忙前跑后地为李同学办理相关手续。一刻钟过去，李妈妈赶了过来，我先是安抚了一下李妈妈的情绪，告诉她李同学在洗胃，她吃了大量的抗抑郁的药。李妈妈一看，说道："这是我的药，我就吃了两片，没想到她偷拿出来自己吃了。"这下，我才明白李同学的药是从哪里来的，我一直陪着李妈妈等着李同学洗胃结束，送入监护室后，我才返回学校，再看看班上其他同学有无异常情况。

（三）心理恢复期——道路迷惘

一周后，李同学出院了，李妈妈告诉我，李同学本学期不再来学校了，要先养好身体。此次洗胃对她的身心影响都特别大，我们想带她出去看看不同的世界，让她看看这个世界精彩的一面，重新认识生命的意义。之后在与李妈妈沟通的过程中，李妈妈多次跟我说："这孩子以前不这样，从小到大都是非常活泼开朗的，这次的事情对我们一家人打击都很大，不知道孩子未来应该怎么办。"而对于李同学未来学习方向的问题，我和李妈妈也有过多次讨论，李妈妈想法很多，要么就是想留一级跟着新的年级学习，要么就是想让李同学待在现在的班级转学艺体，减轻学习文化知识的压力，但是李妈妈始终没有决定下来，觉得孩子的前途一片迷茫。

（四）直面自我问题——再见"新"同学

经过一学期的恢复，李同学以崭新的状态回到班级。一开始，我还是十分忐忑，生怕李同学难以适应。没想到，李同学回到班级后，并没有受困于之前的情绪，反而是大大方方地向班上的同学介绍自己，那个灵动的女生又回来了。

二、案例分析

在与李妈妈以及李同学沟通后，我总结出李同学产生上述行为的原因。

（一）家庭因素的影响

家庭是孩子的第一个课堂。家庭环境会直接影响孩子的身心发展。美国心理学家维多利亚·鲁道夫提出了情景理论，该理论认为孩子的认知发展受环境的影响。深入了解李同学的家庭，我了解到李爸爸因为某些特殊的原因常年不在家，李妈妈因此很长一段时间晚上睡不着觉。李妈妈也是一个急性子，记得有一次李同学觉得自己很不舒服，想要请假回家休息，给李妈妈打电话，李妈妈开口第一句便是："你又怎么了，为什么又要请假？"家长给予李同学的更多是否定以及难以控制的情绪。在这样的家庭氛围的影响下，李同学表面上看似开朗、积极、乐观，但内心却很压抑。心理学家阿德勒曾说："幸运的人，用童年来治愈一生；不幸的人，用一生来治愈童年。"由此可以看出，家庭环境对孩子的影响至关重要，一个充满否定与批评的家庭，往往会使孩子的认知发展产生偏离。

（二）个人性格的偏差

学生是发展着的人，每一个阶段的学生都有不同的特点。埃里克森提出人格的社会心理发展理论，把心理的发展划分为八个阶段，指出每一阶段的特殊社会心理任务，并认为每一阶段都有一个特殊矛盾，矛盾的顺利解决是人格健康发展的前提。在家庭环境的影响下，李同学隐藏了她性格中的敏感、易怒和难以自控的情绪，向身边的人更多展现出来的是自信、乖巧、积极自主的形象。李同学从小成绩优异，分班前一直是老师和同学眼中出类拔萃的好学生，但在分班后，面对新班级新老师新同学，李同学心中产生了许多异样的情绪，她习惯了以微笑来掩盖自己的真实想法，但这种矛盾心理没有办法得到纾解，导致她心情持续性低落，意义感严重缺失，绝望感日益增强，最终选择了一种比较极端的方式解决现阶段的矛盾。

三、应对措施

李同学的康复之路离不开学校、家庭与老师的相互配合。针对李同学的这种特殊情况，应充分发挥学校和家庭的作用，为李同学的心理康复之路保驾护航。

（一）学校层面

1. 汇报情况，全员帮扶

自李同学因服用大量药物进入医院后，我第一时间将李同学的情况以书面的形式上报学校，并与我校的心理老师取得联系，建立由"1名中层领导+1名年级组长+1名班主任+1名心理老师+1名科任老师"组成的心理关护小组。案例中的李同学返校一周后，组建的心理关护小组便进行"一对一"关心关爱和开学衔接家庭教育指导，让李同学及其家长真真正正地感受到来自学校、老师的关怀，同时也拉近与李同学之间的距离。

2. 用爱关心，用情沟通

在李同学住院及休养期间，我时常通过微信、电话等形式了解李同学的身体及心理的恢复情况。同时，我对班上的同学一概称其身体不适，在家休养。在李同学返校学习期间，为了帮助李同学能够更好地融入新班级，我寻找恰当的时机和李同学聊天，了解她的适应情况。每次交流，都尽量地成为她的倾听者，用心去感受她的喜怒哀乐，有时候也会以拥抱的形式鼓励她。慢慢地，李同学遇到问题时，会更能听得进去我对她的建议。同时，我也开展了与挫折相关的班会课，引导学生正确认识挫折、应对挫折，并且通过营造温暖包容的班级环境，创设条件让李同学参与集体活动，感受班集体的温暖。

（二）家庭层面

当孩子出现心理问题时，家长更容易感到无所适从。作为班主任，要引导家长正确地调整心态，学会高质量地陪伴孩子。

1. 调整心态，携手共度

面对李同学的情况，家长首先要明白"欲速则不达"的道理，懂得调整好自我心态，学会接纳孩子的一切。在与孩子沟通前，家长要先调整好自己的状态，以朋友的身份多倾听孩子的心声，多给予孩子正向的引导，努力为孩子营造一个温馨、舒适的家庭氛围。同时，家长应根据孩子的实际情况和动态情况，及时调整教育方法。心理康复是一个长期的过程，需要家长付出更多的时间与精力。在日常的陪伴中，家长要更爱护、疼惜孩子，包容孩子多变的情绪，多从孩子的内心感受出发，理解孩子的矛盾心理，做好孩子坚强的后盾。

2. 温情陪伴，守住原则

在李同学的心理康复之路上，家长可能最容易陷入误区：孩子心理出现了问题，那她想干什么就干什么，只关注其衣食冷暖，不对其提任何要求。如此一来，家长极有可能为了防止意外发生而忽视孩子内心对进步的渴望，这样反而会使孩子的意志更加消沉。所以，在陪伴李同学康复的过程中，家长要做到高质量的陪伴，不单单是要保证李同学的安全，更要积极了解其心理诉求。相比完全回避学习考试、不对学业提要求，家长应学会挖掘和激发李同学身上的活力点，从细节上关注她的状态，选择恰当的方式帮助她纾解内心的矛盾情绪，这样才有可能真正为她减轻心理负担。

四、效果呈现

（一）学生的转变

经过老师和家长的共同努力，李同学发生了很大的改变。李同学还是像往常一样很喜欢笑，但也会将自己真实的情绪展现出来。当她不高兴或者遇到问题时，她开始寻求家长、老师的帮助。

（二）家长的成长

李妈妈最大的变化便是学会控制自己的情绪。当李妈妈认为李同学的行为不恰当时，她并不是开口就是责骂，反而是先调整自己的情绪，站在孩子的角度去想问题，然后以朋友的口吻去与孩子沟通。

五、总结反思

第一次接触抑郁症，我们总是简单粗暴地去定义抑郁症。却不曾想，阳光的外表下也可能隐藏着抑郁的倾向。因此，及时发现学生的抑郁倾向尤为关键。首先，班主任可以根据学校每学期开展的心理健康筛查结果，对学生进行全面建档，生活中给予学生足够的关心和爱护。其次，作为班主任，需要对微笑抑郁症有科学的认识和了解，给予学生恰当的指导和帮助。最后，在班级活动中，学生的心理状况会有所暴露，班主任可以在班级集体活动中观察每一个学生的状态。面对患有抑郁症的孩子，我们无法像专业心理医生那样给他们提供专业的治疗方案，但可以在日常的教育教学中，用温暖和坚持给他们种下希望的种子，他们会敏锐地感受到这份爱，进而慢慢打开心结。

六、专家点评

抑郁症，当我们谈起它时多数时候想起的是情绪低落、郁郁寡欢、兴趣减退，但抑郁症还有一种表现形式，即看似阳光，实则充满悲伤，这便是人们经常所说的"阳光抑郁症"。"阳光抑郁症"指的是"在他人面前表现得很开心、很阳光，但其实内心很抑郁"。这种抑郁很难被人们发现，甚至会被人们忽视。在本案例中，针对李同学服用大量抗抑郁的药物的突发性事件，老师思维敏捷、反应迅速、及时上报、联系家长等，实施了一系列及时有效的干预措施，成功化解了危机，为学生的成长提供了有力的支持。

15 点亮父爱的光，照亮孩子的心

在中国的传统文化里，父爱如山，内敛深沉。在当代社会，很多父爱如影，忽明忽暗。工作以来，我看到平时跟老师联系的家长基本是学生的妈妈，家委会的成员也大都是学生的妈妈，家长会坐在台下的也多数都是妈妈。爸爸和妈妈在家庭教育里所起的作用是不一样的，父亲的缺席，父爱的缺失，是会影响孩子身心健康成长的。

一、情景再现

毛毛，是我班上一个个子高高的，但是经常含胸驼背的女生。她在班上没有什么朋友，同学们说她说话太冲了。她的课桌永远跟同桌隔着一条缝。

一次英语课前三分钟的展示中，毛毛在用英语介绍自己的家庭成员时，展示了一张她和爸爸的合影，他们并肩站着，中间还隔着空，没有一丁点儿肢体接触。两人都木木地直视镜头，脸上甚至没有一点儿表情。

课后，我找到毛毛，刚想伸手摸她的头，她马上躲开。我假装不经意地问："毛毛，你今天用的照片是啥时候照的啊？"毛毛说："昨天。"我赞许地说："为了做课前的三分钟展示专门照的啊，你很认真呢。你怎么不搂着爸爸或者靠着爸爸拍照呢？""我们平时就是这样的。"毛毛低着头，攥着衣角，不再说话了。我伸出手臂想轻轻地抱一抱她，她躲开了。上课铃响了，她跑回了教室。

第二天，我的办公桌上压了一张叠得方方正正的纸，是毛毛给我的留言："我和爸爸没有合影，我说是作业，他才同意跟我拍照。小时候，爸爸很忙，很难见到他。在我心中他就是超人，因为对于小小的我来说，他无疑是很高的，而且他抱我的时候，我就觉得自己飞了起来。四年级，我来到成都，和他一起生活，我依然记得我晚上睡觉前会给他写字条——爸爸辛苦了，爸爸我爱你。我那时可以很高兴地搂着他的脖子说'爸爸我爱你'。但是现在做不到了，我有些紧张。生活在一起以后，他跟我说话的口头禅就是'我忙得很，我没有空''我不懂，你自己想办法'。他太冷漠了。我也很想跟他说'爸爸你辛苦了，爸爸我爱你'。但是真的说不出口了，但我始终确定的是他确实很辛苦，也还是关心我的。他会帮我把水杯倒满。他会在接我放学的时候给我带吃的。这么一想，'爸爸我爱你'这句话说出来也很容易。至于我为什么会紧张呢，因为我怕他觉得肉麻，而且我也从来没有听爸爸说过'我爱你'。"

我回想起来，初一刚进校的时候有位家长跟我提过，毛毛小学毕业典礼走红毯都是她牵着毛毛走的。毛毛的妈妈身体不好，平时只是照顾一家人的生活起居。毛毛爸爸忙于工作，小学从来没有参加过一次家长会。我又回想起几次跟毛毛爸爸沟通的情景，"读书是她自己的事，我的事就是挣钱养家"，这是他经常挂在嘴边的话。

二、案例分析

家庭教育是学生健康成长的重要影响因素。父亲的教育作为家庭教育的重要组成部分，起着不可替代的作用。受传统思想的影响，以及当前社会不少父亲承担家庭主要经济来源的现实原因，父亲在家庭教育中的角色处于缺失状态的现象越来越普遍，但是父亲的角色在家庭教育中具有不可或缺的作用。

（一）父亲是孩子性别认同的榜样和模板

社会心理学理论认为，在性别角色和性别行为方面，父亲的作用是大于母亲的作用的。对于男孩，父亲的言行提供了直接榜样；对于女孩，父亲会影响女孩的性别角色和行为。

毛毛，作为青春期的女生，并不像其他女生一样比较爱美，她不太注重自己的外在形象。她每天含胸驼背，想掩饰自己正在发育的第二性征。同时又和男生保持着绝对距离，甚至课桌都不跟男生的课桌挨在一起。她的性别角色和行为比其他孩子更模糊、更极端，这跟家庭教育中爸爸这一男性角色的缺失是有很大关系的。

（二）父亲是孩子性格塑造的"阳"性带领者

父亲更多是教孩子承担责任，遵守规则，学会合作，正确竞争，变得坚强、勇敢和乐观等。父亲和孩子之间形成的关系是一种唤醒关系、激活关系，能促进孩子发展。在父亲角色缺失的家庭，孩子往往害怕与外人交往，一般胆小、内向、信心不足。

毛毛在跟老师的日常接触和交流中，眼神总是怯生生的。低着头，攥着衣角是她的标准动作。她很恐惧与人交往，平时的课堂上，她是绝对不会主动举手回答问题的，跟老师说话永远很小声。她这次选择了用文字跟我交流，依旧是因为胆怯，同时又看得出她很希望向我倾诉，得到帮助。这次课前三分钟，她能专门拿着和爸爸的照片来做分享，肯定也是爸爸这个角色给了她勇气和信心。

（三）父亲是孩子社会性发展的引导者

父亲与孩子间的互动可以帮助孩子扩大社会活动范围，丰富孩子的社交内容，拓宽孩子的视野。这有助于孩子在进入学校和社会后，懂得与人相处，学会更多的经验技巧，为走向成人世界打下坚实基础。

毛毛很显然还没有真正地融入班级这个小环境，她还没有跟同学建立起友谊，还没有跟老师建立起亲密关系。当我主动对她表现出友好和亲近时，她没有办法自然地、大方地接受和回应我。在与人交往时，她采取的都是回避的态度。

三、应对措施

（一）建立信任关系

要想帮助这对父女恢复亲密关系，我首先要引导他们相互之间建立起信任关系。

我准备了一个笔记本，认认真真地把毛毛给我的字条贴在了第一页。然后，我提笔开始给她写回信。我首先感谢她对我的信任，愿意与我分享心事。随即，我跟她分享了两件我读书的时候与爸爸之间发生的趣事。我告诉她，我现在工作太累的时候还会跟爸爸撒娇索要关心。最后，我写到："这个小本子可以是我们俩之间的一座桥梁，也可以是你的树洞，别憋着。"从那以后毛毛会不时地把本子放在我的办公桌上，每一次我都认真回复她。每一次回复完，我只需要把笔记本放在办公桌上，她自己会来悄悄拿走。外人看来我们之间什么都没有发生，只有我们自己知道我们的心更近了。

同时，我也在努力跟毛毛爸爸沟通，希望取得他的信任。我接连给他打了几次电话，他都没有接，也没有给我回电话。于是，我给他发信息说我从毛毛的描述里看到了他对毛毛的爱，也看到了父爱如山，稳重而内敛，我戏称他是万千"钢铁直男"中的一员，我还说我理解他忙于工作的最根本原因还是为了给毛毛更好的生活。终于，毛毛爸爸主动给我回电并且答应到学校来和我面谈。

（二）强化优秀品质

我约毛毛爸爸运动会的时候到校，请他到操场上找我。见面后我跟毛毛爸爸说："你看这满操场的孩子多欢乐啊，你找到毛毛了吗？"毛毛爸爸四处张望，终于在我们班方队的角落看到了独自坐在那儿看书的女儿。他脸色一沉。

我连忙说："您先别生气。您看她多专注啊，多喜欢看书啊，可以静得下心来学习。"毛毛爸爸脸色稍有缓和。"当然，您肯定也心疼孩子，也希望她劳逸结合，能和同学们一起快快乐乐地运动。"我先把毛毛爸爸的角色定位为一个关心子女身心健康的家长以后,接着说:"父亲的角色在孩子的成长过程中很重要,有的时候给自己放个假,陪一陪孩子,既放松了自己的身体,也慰藉了孩子的心理,她会更合群。何乐而不为呢?"

"娃娃这么乖,这么好学,我肯定会关心她的,以后多陪伴她。"毛毛爸爸说。我连忙把毛毛叫过来,对她说:"刚刚你爸爸看到你专注阅读的模样,很是欣慰。他虽不善表达,但骨子里是一个特别关心你的人,他说以后要多陪你,希望你能劳逸结合,健康快乐。"我话音未落,毛毛爸爸单手搂了搂女儿的肩。女儿感受到了爸爸的关心,父亲感受到了女儿的乖巧,父女俩都笑了。

从那以后我会不定期地把毛毛在学校取得的进步告知毛毛爸爸,他如果忙可以不回复我,但是要求他必须当面表扬毛毛。

(三)积极的相互评价

之后的日子,我经常给毛毛爸爸发消息,告诉他今天毛毛默写全对了,作业书写很工整,上课虽然没有举手但是被抽起来回答问题时声音很洪亮。毛毛爸爸每次都会给我回复一句:"收到,谢谢老师。"我也都会回复一句:"毛毛爸爸,你也功不可没。"

爸爸对女儿的肯定,让女儿感受到了爸爸的爱。我把毛毛的进步传递给毛毛爸爸并肯定了这里有他的功劳,于是毛毛爸爸就更加注意关爱和陪伴女儿,爸爸的爱又给了毛毛前进的能量,逐渐地,毛毛和爸爸之间亲子关系的发展进入了良性循环。

父亲节的时候,我做了一个小视频送给全班同学的爸爸,结尾我用了一句话:"也许爸爸从来没有说过爱我,但是他做的每一件事都在告诉我他爱我。"我跟孩子们说:"爸爸的爱很含蓄,但是你们的爱很热烈。很多爸爸忙于为家人创造更好的生活,但你们如果觉得最好的生活是有家人的陪伴和关心,可以大胆地跟爸爸表达。"

四、效果呈现

毛毛在"谈心簿"中跟我分享了爸爸的变化,爸爸主动拥抱了她,这让她很局促,但是她也很开心。她也逐渐开始跟爸爸说笑、撒娇。

毛毛的小学同学家长也欣喜地发现了父女俩的变化。她跟我说:"我看着她成长,看到了她爸爸的变化。她爸爸是一个不善言辞的人,女儿也比较内向。小学毕业典礼的时候是我代替她爸爸牵她走过小学的最后一程。现在每天放学接小孩的时候看到他们父女俩有说有笑的,感觉非常美好和温馨。"

随着和爸爸的关系越来越亲密,毛毛也越来越自信了。在学习上逐渐显现出优势以后,她能主动给同学讲题了,特别有耐心,还收获了友谊。中考最后也考上了重点高中。

毛毛中考能发挥得如此出色,毛毛爸爸的"房车"功不可没。毛毛爸爸把自家的面包车改装以后,放上桌子,搭好床铺,供毛毛早晨和中午候考的时候用。他晚上还专门开另外一辆车来占车位,保证"房车"第二天仍旧可以停在离考场最近的车位上,真是高调地"秀"了一场父爱。

五、总结反思

老师和学生、老师和家长之间应建立信任关系,这样才能帮助学生和家长修复他们之间的亲密关系。亲子关系不融洽,主要体现在双方对彼此的负面评价上。老师在调节亲子关系时,要善于发掘双方的积极品质,并强化优秀品质,帮助双方看到彼此的闪光点,从而减少抱怨。在此基础上,再引导双方积极相互评价,搭建起互相认可的桥梁。

家长在家庭教育中出现的问题,其实往往都并非他们的本意,很多时候是好心办了坏事,究其原因还是因为家长缺乏家庭教育的经验,他们没有意识到自己的行为会给孩子带来什么样的影响。所以,老师和学校有责任和义务对家长开展家庭教育的培训。

班级和学校应多开展活动，让孩子和家长都加入进来，引导大家表达爱，感受爱，分享爱。被爱滋养的孩子和家庭，一定是幸福的。

六、专家点评

本案例运用了人本主义理论。人本主义理论将人性看作是积极的、乐观的，人是动态的、发展的个体，存在巨大潜能。每个人都拥有一种先天的自我提升、自我实现的动机。面对毛毛在班级格格不入的情况，以及毛毛爸爸十分冷漠的情况，老师并没有否定父女二人，而是抓住父亲角色缺失这一问题，帮助毛毛和爸爸搭建起沟通的桥梁，指导他们正确地处理亲子关系，从而使毛毛和爸爸都发生了很大变化。

本案例还运用了期望效应。教育实践表明，如果老师喜爱某些学生，对他们抱有较高期望，学生会有所感受，他们会以积极的态度对待老师，对待学习，对待自己的言行。他们会更加自尊、自信，往往真的能取得老师所期望的进步。这一点同样适用于老师对家长，还有家长对孩子。本案例中，老师通过"谈心簿"对毛毛进行了特别关照，给毛毛爸爸发消息告知毛毛的进步，再由爸爸去表扬毛毛，以及每次老师对毛毛爸爸说的"毛毛爸爸，你也功不可没"都是在以积极的态度肯定他们，使他们往老师所期望的方向进步。

16 与爱同行，共育花开

一、情景再现

我国著名教育家陶行知先生说过："真的教育是心心相印的活动，唯独从心里发出来的，才能达到心的深处。"这句话深深地触动了我的心灵，它体现了陶行知先生的教育情怀，也勉励我们这些教书育人的园丁努力搭建通往学生心灵的桥梁，用心做事，用爱心育人。关心爱护每位学生是教育工作者的天职，然而学生的成长光靠老师单方面的努力还不够，还需要家校联盟，老师与家长共同建立良好的沟通机制，达成共识，携手"浇灌"，"花儿"才能茁壮成长。

又是一年金桂飘香的季节，我迎来了人生中的第五个教师节。一如既往地，我又收到涵涵简洁的祝福："肖老师教师节快乐。"学生毕业后能每个节日坚持发祝福的不多，涵涵就是其中之一，涵涵的人生转变也坚定了我做老师的信念。

五年前我还是一个刚踏上工作岗位的黄毛丫头，怀着忐忑又兴奋的心情进入本市一所初中任教。学校对学生的中考成绩要求极高，刚毕业的我就被分配去教毕业班，毫无教毕业班的经验，又是中途接班，我有些焦虑又有些惶恐，害怕自己能力不够影响了孩子们的中考成绩。经过老教师的一番鼓励，我重拾信心，把这些困难化为钻研教学和提升自身素养的动力。常常一盏灯，一支笔，一张试卷，一熬就是一晚上，初三晚自习结束我都还沉醉于制作课件或刷中考题之中。偌大的初三年级组大办公室，经常只剩我一个人。在一个寒冷的晚上，第二节晚自习下课时我还在思索课件的导入方式，一个小个子女孩站到我面前，战战兢兢地试探着问："肖老师，能不能给我点吃的，我真的好饿。"我看了她一眼，文文静静的，皮肤白皙，头发微卷，瘦小的个子让我心生几分怜悯之情。"为什么晚餐不多吃点？""数学没考好，罚做题，晚饭时间在教室做题，没做完数学老师要生气。"我虽然入职没多久，但也听说过数学老师的严厉和暴脾气。"你要学会提高学习效率。"我说完便随手把桌前的加班晚餐牛奶和面包递给她。她不敢相信地从我手中接过牛奶和面包，似乎有千言万语想对我说，但又木讷不知该如何组织语言，最后含着泪花轻声说了句："谢谢老师，您和他们不一样。"

此后晚上加班期间她总会出现在我的办公桌前，或是过来看我一眼，或是主动问我课上没有听懂的历史题，在很放松的状态下她也会跟我聊几句日常。那段时间我没能理解那晚她说的"您和他们不一样"这句话。直到第一次月考结束，班上综合排名靠前的一个女孩火急火燎地跑到办公室，跟班主任揭发涵涵历史作弊考了92分，其他主科的老师表情各异，我从他们表情中读到了对涵涵成绩的怀疑。等学生回到教室后，主课老师将目光投向了我，我说："涵涵的历史的确考了92分，班上排名第二，答案都答到点上了，没有作弊。"主科老师听后表情各异，最后数学老师向我发起了疑问："她为什么所有科目中就只能学好历史？"一时间我也不知道该如何回答，我也向其他主科老师抛出了疑问："难道她其他学科都很差？"随之而来的是各科老师对涵涵的各种评价：行为习惯存在问题、和班上同学不合、性格孤僻、脾气怪、做事拖延、和老师顶嘴……这些评价让我刷新了对涵涵的认知，甚至我又把她的答题卡拿出来核查了一遍，确实是92分，没有问题。

二、案例分析

（一）自我同一性和角色混乱的冲突

著名心理学家埃里克森将人格发展分为八个阶段，涵涵处于青少年期发展阶段，这一阶段的特征是自我同一性和角色混乱的冲突，面临的任务是构建"理想的我"与"现实的我"之间的同一性。进入青春期的涵涵也开始思考"我的价值""我在班集体中的地位""我将成为怎样的人"等问题。涵涵为自己制定了众多目标，然而初中生活却未按照她所设想的推进。初中学科增多，学习难度加大，她悟性不高，思维能力差，成绩渐渐排名倒数。没有特长，也未在班上担任"一官半职"，在班级中属于"小透明"，"理想的我"与"现实的我"产生冲突。此外，涵涵成长环境中缺乏关爱和鼓励，导致她性格胆怯，沟通交流能力差，年幼时的一些不良行为习惯没能得到及时矫正，如：鞋袜乱放、不叠被子、说不文明语言、时间观念差等，涵涵过去所拥有的技能、经验、行为习惯让她无法融入现如今的集体住校生活，"过去的我"与"现实的我"产生冲突。涵涵没有认识到自己与他人的差异，没能及时调节自己的认知，改变自己的行为，冲突之间未形成同一性，就无法顺畅地到达她设想的理想境界，自我怀疑与抑郁持续出现，渐渐出现角色混乱，阻碍了涵涵健全人格的发展。

（二）家长心理失衡

在涵涵六年级时父母离异，她跟随母亲生活，面对生活的不确定性与对未来的担忧，母亲产生了焦虑和抑郁情绪，疏于管理涵涵。三年之后母亲重组家庭，又将多数精力用于照顾出生不久的弟弟。母亲的这种偏爱行为对涵涵的心理健康发展产生了负面影响，使涵涵出现嫉妒心理、自尊心下降、孤立感等。涵涵最初也会回家"控诉"学校里的不公待遇，述说自己的委屈，疲惫的母亲并没有带着她去分析问题，寻找改进策略，反而责备她。母亲长期面对学校对涵涵的负面反馈，对待两个孩子渐渐心理失衡，对涵涵失去信心，任她发展，把全部希望寄托在弟弟身上。涵涵和生父见面次数屈指可数，见面也仅限于日常嘘寒问暖，而对继父的善意沟通，她也不理会。负面情绪长期困扰着她，且无法排解，她也不再与母亲进一步交流，无效交流带给她的多是责骂，一度让她产生抑郁的倾向。

（三）忽视学生发展的差异性

学校教育多为学生被动接受知识，而自主的深度探究学习才有利于促进学生形成自我认知。班主任就涵涵这一阶段的学习状态给她贴上"差生"的标签，没有看到学生发展的差异性，也忽视了学生的可持续发展。班主任平时对后进生缺少鼓励，主要采用批评和处罚的教育方式，这种教育方式事倍功半，难以达到理想的教育效果，往往还容易给学生带来心理创伤。青春期的孩子情绪敏感，老师处罚式的教育方式激发了涵涵的逆反心理，使其过度心理防卫，老师成了她的假想敌，进而产生和科任老师对着干的心态。

（四）传递负面偏见，学生中出现排挤现象

在学校教育环境中，班主任对涵涵持有偏见，这种偏见会通过言语和行为悄无声息地传递给班上同学，加之涵涵在性格、习惯、生活方式上也存在一些问题，宿舍同学集体孤立她，班上的同学也逐渐排挤她，甚至一些调皮的男孩子还故意为难她。老师负面情感的传递导致青春期学生之间的关系变得紧张。涵涵在班上没有朋友，看似也毫无立足之地，一度产生不好的想法。

三、应对措施

（一）构建自我同一性，形成合理认知

我并没有戴"有色眼镜"和涵涵相处，她出现在我办公桌前，我便主动找话题和她聊天，拉近距离，成为她吐露心声的朋友。通过日常交谈，我会自然地引导她去发现自己的生活习惯、言语、行为上的问题，分析室友孤立她和班上同学不愿和她做朋友的原因。我还通过角色置换，告诉她我在青春期时遇到同类问题的处理方法，引导她反思自我，改变认知，解决"现实的自己"存在的一些问题，这样才能与"理想的自己"形成同一性，内心的混乱感才能逐渐减少。紧接着我带领涵涵对比分析同学之间的差异，让其重新界定自己的能力，形成对自己合理的新认知；我还与她一起制订跳一跳可以"摘到"的生活目标和学习目标，根据目标实现情况及时调整计划，让她一步步走向"理想的自己"。

（二）运用平衡心理治疗技术，改变家长

平衡心理治疗技术是一种旨在帮助个体实现情感和心理状态平衡的治疗方法。我与涵涵的母亲建立了长期的联系，并通过平衡心理治疗技术帮助涵涵的家长不断反思与自我察觉。第一步，我与涵涵母亲进行了深度沟通，引导她思考涵涵的沉默寡言与她对涵涵的态度转变的联系，让她思考她分配在两个孩子身上的关爱是否恰当。经过几次沟通，涵涵的母亲认识到自身的问题并进行了反思。第二步，我持续给她反馈涵涵在学校的进步，夸赞涵涵，让她重拾对女儿的信心，增加她的积极情绪。第三步，我分享了一些成功家庭教育案例给涵涵的母亲，让她借鉴成功家庭教育亲子之间的沟通技巧，良好的沟通才能打开母女之间的心扉，找到问题。第四步，沟通的过程中肯定会出现摩擦，遇到沟通障碍时，应学会调节情绪，可以用体育锻炼、转移注意力、放松练习等方式进行调节，不把负面情绪撒在孩子身上。第五步，引导她们母女有效沟通，以及引导涵涵母亲发现涵涵的能力、兴趣等，了解涵涵的内部动机，与涵涵一起构建新的生活和学习目标，帮助涵涵实现情感与心理上的平衡。

（三）挖掘积极品质，巧用鼓励式教育

积极心理学提到老师应该关注学生的主观体验，挖掘积极品质，对学生的人格进行建设而非修补。通过日常相处，我发现涵涵除了历史学得好之外，她还有很多闪光点。她喜欢画画，我鼓励她去做班级板报，她的色感搭配和版面分配超棒，她做的那期板报得了一等奖。她做事踏实，在历史活动课上我推荐她去做小组资料管理员，因为她整理资料分类细致，他们小组又快又出色地完成了任务。我会在恰当的时机表扬她，鼓励她去做自己擅长并感兴趣的事，对她微小的进步也不吝啬，投之以认可的目光，让她重拾自信。同时，我也会在力所能及的范围内给她答疑解惑。

（四）联合心理咨询室，进行专业辅导

针对涵涵过度的心理防卫，把老师当成假想敌，和科任老师对着干的这些心理问题，我和心理老师进行了沟通。从初三开始，涵涵每周三去心理咨询室接受一对一辅导，她刚开始还是羞于表达，心理老师与她一起玩游

戏让她放松下来，通过谈心和沙盘治疗法，让涵涵将心中的不满与委屈全部讲出来，心理老师及时对她的问题提出了处理的小妙招。根据涵涵的情况，心理老师还对她进行了表达能力、沟通能力和情绪管理能力的强化，经过专业心理辅导，涵涵心态变化很大，渐渐理解了老师对自己的关爱。

（五）减少偏见的传递，改变学生认知

班主任也察觉到自己对涵涵的态度已经蔓延到了学生中间，这无疑给涵涵造成了很多伤害。班主任在后期的工作中及时调整了自己的言语和行为，减少偏见的传递，以促进班集体积极的学习氛围和社交环境的建立。各科老师也都格外上心，关注涵涵，制止同学对涵涵精神霸凌，呼吁宿舍成员与涵涵做朋友，一起帮助涵涵改掉不良行为习惯，渐渐地，班上同学改变了对涵涵的认知，涵涵重新进入正常的学习和社交环境。

四、效果呈现

（一）生活改变

涵涵并没有因为我创造中考奇迹，一些科目仍然考得不理想，欣慰的是，她初三这一年的历史成绩一直处于前列，中考时摘得班上历史学科第一名。她的变化大家都看在眼里，从之前喜怒无常到现今情绪可以自控，从之前的闷闷不乐到现今笑容时常挂在脸上，从之前总是一个人到现今有三五好友，从之前我行我素到现今学会了沟通、考虑他人的感受，从之前自暴自弃到后期全力冲刺……性格和行为习惯的改变将使涵涵受益终身。

（二）家庭关系改变

最大的变化是家庭变化，涵涵与父母的关系逐渐和谐，母亲学着去了解她的性格、脾气、喜好，给予她更多的支持和鼓励，让爱的天平平衡。她也放下抵抗的包袱和母亲敞开心扉，诉说学校的生活，减少对继父的敌意和冷漠，对继父善意的沟通也会给予应答。她在这个新家庭里能排解负面情绪，找到慰藉和温暖，自然她也会用爱回馈家人。

（三）学业改变

故事的结局是中考成绩并没有让涵涵的人生定格。中考后她和她母亲协商去了一所艺体高中，选择了绘画专业，坚持她的热爱。上高中后她到了另一个新天地，言语之间我感觉她更自信快乐了。她学业繁忙，我们联系渐渐变少，每个节日她的简短祝福总会准时送达。三年寒窗苦读，今年高考她考入了梦寐以求的大学。拿到通知书的那天，她拍了张录取通知书的照片给我，并给我发了条微信语音："老师您和他们不一样，谢谢您一路鼓励和陪伴，那晚您递给我的不是牛奶和面包，而是新生。"我心里一震，没想到一个善意的小举动，竟让她铭记至今，改变了她的人生轨迹。

五、总结反思

这个案例中，涵涵从小缺乏父母管教，养成了一些不良行为习惯，六年级时父母离异又各自组建新家庭对她心理造成巨大创伤，她总是对继父充满敌意。由于缺乏父爱，她的性格卑微胆怯，加之学校老师批评、惩罚式的教育方式激发了她的逆反心理，处处和科任老师对着干。她还缺乏沟通能力，与同学之间的人际交往出现诸多问题，且多次与母亲的无效沟通，让她关闭心门，自暴自弃。多种因素的叠加导致涵涵出现心理问题。

学生出现心理与行为问题，老师应该积极与学生、家长进行沟通，同时反思自身的教育方式，找到问题所在，家校共育，提出解决方法。在懵懂的年纪谁都可能犯错，对学生的过错采取批评、约束的教育方式，甚至体罚和言语辱骂，这往往解决不了问题，反而会激化矛盾。初中生情绪敏感，老师要避免伤害学生自尊，多采用鼓励式的教育方式。老师可以回想自己上学时的状况，这样更容易找到学生犯错的根源，对学生多一点包容和耐心。老师应尽可能多花精力和时间去了解学生，对学生不要有偏见，每个学生都有其闪光之处，都渴望得到老师的理解和尊重。犯错往往是学生成长的良机，家校联合，把握时机进行教育，可能比常规教育的效果更好。

学生是校园里的花儿，作为园丁的我们不能急于让花朵绽放，应该给予他们足够的养分，静待他们成长，不管最后是否怒放，他们都会有属于自己的精彩人生。此外我们也要学会与家长建立长期联系，共同见证花儿的奇迹成长。这些年我学到了许多，但我深知自己所学的还远远不够，未来的教书生涯还很长，需要不断探索和实践，我会一如既往地学习新的教育教学理念，提高专业素养，进一步夯实专业基础，让校园里的花儿都绽放出他们的精彩。

六、专家点评

初中的学生处于青春期，发生自我同一性与角色混乱的冲突，"理想的我"与"现实的我"存在差距，两者若不能达成和谐，就会出现角色冲突，影响健全人格的形成。他们进入初中后，会出现诸多适应性问题，若老师的教育方式不当，他们易产生抑郁情绪，过度自我保护，产生逆反心理。部分离异家庭的亲子教育方式存在问题，父母的焦虑和不安传递给了孩子，以及偏爱、家长心理失衡等问题，都会导致亲子沟通出现问题。另外，缺少家庭关爱，孩子性格易自卑和胆怯，进而沟通交流能力变差，不会换位思考，引发与同学之间的种种矛盾。

这个案例的成功之处有以下两点。

（一）巧用多种心理学沟通技巧，启迪学生

一是该案例运用埃里克森的人格发展理论，通过青春期的特征，准确找出了学生的问题；二是运用积极心理学原理，挖掘学生优点，从优点入手引导学生改正错误，鼓励比批评更能收获教育效果；三是老师与学生角色置换，老师用自己在初中生活中遇到的问题与解决方法点拨学生；四是案例中的老师花大量时间倾听学生的心声，在愉悦、轻松的气氛中进行沟通，学生更容易吐露心声，接受老师的教育。该老师在此案例中并没有直接提出改进方法，而是通过多种心理沟通技巧，启迪学生。

（二）建立家校深度沟通机制

该案例中的老师与家长进行多次深度沟通，建立了长期联系。老师运

用平衡心理治疗技术五步法，引导家长重建认知，增强家长的积极情绪，引导家长借鉴成功家庭教育案例中的亲子沟通技巧，传授家长情绪管理方法，引导家长与孩子重新制定目标，家长通过这五步法最终达到心理和情感上的平衡。老师在此次案例中联结了家长和学生，正是家校的有效沟通，家长才找到问题所在，改变家庭的教育沟通方式，让学生重拾信心。

通过整个案例可知，老师鼓励式的教育方式能让学生更加认可自己，培养学生坚强的意志，从容应对生活中的挑战。师生间、亲子间通过深度的有效沟通，学生才能发现自己的问题，唤醒内心的自信、仁爱、感恩等品质，最终解决心理与行为上的问题。成功的教育应该是家长和老师共同奔赴的教育，等一朵花开需要耐心，老师与学生、家长应建立良好沟通交流机制，尊重学生差异，用"润物细无声"的方式去爱、去感化每一个学生，老师细小的举措和不经意的言语，可能会给学生带来新生。

17 让每一朵花灿烂绽放
——记一个被父母放弃的孩子

一、情景再现

（一）中途接班——一盘"散沙"

自从教以来，我的教育生涯都过得非常顺利，所带班级都是名列前茅，学生个个爱学习，只需要我一个点拨，他们就知道该做什么。提起这些学生，我不由得为他们感到骄傲，也为我自己感到自豪。但是谁的一生都是坦途呢？何况教育生涯要持续几十年。在我产后回校的那一天，我接手了一个别人口中的"问题"班级。当听到领导给我说这个班的时候，我心里就一百个不愿意。这个班的学生出了名的爱闯祸，班主任每天都在处理陈芝麻烂谷子的事，学生学习纪律差，行为习惯差，我积累的所有教学技巧对他们来说是对牛弹琴。正如我预料的一样，第一节课就遇到了非常棘手的事情，学生坐在教室里跟大爷一样，提醒做笔记也只是随性写几笔，书写极其潦草，我感受到了前所未有的挑战，这样的一盘"散沙"，我要如何才能和水成泥，修筑高楼大厦呢？我感到无尽的迷茫。

（二）问题凸显——消失的"父母"

经过一周的相处，我认识了班上的绝大多数同学，对其中一位同学甚是熟悉——小汪。这一周我都在观察学生，积累素材，收集证据，等到合适的时机给学生"沉重一击"。第二周的星期一早上，我一走进教室，就看到学生七扭八歪、有气无力地读书，有的还在交头接耳，这时科代表跟我说小汪作业没交，我顿时火冒三丈，气不打一处来。小汪行为习惯特别差，上课跟逛菜市场一样，管不住自己，动不动就要离开座位扰乱课堂，还打扰周围同学学习。我立马把小汪叫到了办公室，并私信家长，说明学生在学校的情况。令我没想到的是，家长一天都没有回复我一个字。我纳闷，小汪的家长是基于什么样的心理对我的反馈毫不理睬的呢？

既然决定好好"教育"这个学生，我就不能半途而废。第二天，我又从这个班级的前任班主任那里拿到了家长的联系方式，给孩子妈妈打电话不接，给爸爸打电话也不接。我疑惑了，小汪的家长是什么情况呢？我找来小汪问问情况，他满不在乎地说："他们不管我，也不会接电话。"我很惊讶，我没有想到竟然有家长会对自己的孩子不管不顾到这种地步，鼻子一酸，我一时有点同情这个孩子了。我开始动之以情、晓之以理地引导小汪说出自己的心里话，他说在大家的眼里，他是一个十足的差生，进入中学以来他一直在尝试改变，期盼能通过自己的努力得到大家的认可，可事与愿违，他常常被老师、同学和父母忽视，得不到理解，那种心底的悲哀，让他对未来充满迷惘，所以他就破罐子破摔。我意识到为人师的责任，我觉得我必须帮助这个孩子，必须了解这个孩子的家庭情况，架起家校教育沟通的桥梁。我又向前任班主任打听情况，得知他也经常联系不上家长，只知道孩子家庭关系不好，成长环境不好，和他的家长交流，效果应该不会很理想。

二、案例分析

（一）每一个"问题"学生背后都有一个有"问题"的家庭

我找来小汪，让他带话，希望他的父母在方便的时候来学校交流一下，如果实在没空，我可以登门拜访。可能是由于不想让我登门拜访，家长主动给我打来了电话，并约定到校交流的时间。在交流中我才得知小汪的父母感情不和，因为孩子的教育问题吵过无数次架。小汪的父亲是一个长途货车司机，日夜颠倒，作息不规律，常年在外，没有时间陪伴孩子，偶尔回家也是因为孩子闹事，回来对孩子就是一顿毒打，更是把教育的失败归结于孩子母亲。小汪的母亲是一个职员，每天起早摸黑，没有时间也没有精力关心孩子的学习，倾听孩子的心声，她不懂教育的方式，不知道沟通的技巧。无数次接到孩子闯祸的电话，她也表示很无奈，她不会管也管不了孩子。慢慢地，家长对孩子的期待值降低，逐渐对孩子失去希望，认为孩子不是学习的料，无可救药，打算让他读完初中就去打工。听到这儿，我感叹这应该是许多家庭的真实写照，家长忙于生计，疏于管教孩子。

（二）我们需要了解青春期学生的心理特点

每一个"问题"学生背后都有一个有"问题"的家庭，家长有问题，当然孩子也容易出现问题，毕竟一个巴掌拍不响。作为教育工作者，我很了解这个阶段的孩子更加注重个性的发扬以及自己在解决实际问题当中的主导地位，对于生活或者学习都有自己的主观看法。这个阶段的孩子特别容易和家长的束缚、管制发生冲突。他们的抗挫折能力较差，自我管控能力也是较弱的。孩子这时候出现的叛逆心理会与家长的教育方式发生冲突。所以在父母不理解小汪的时候，他找不到倾诉的对象，他的改变无济于事。慢慢地，父母的管束对他毫无作用，他排斥、拒绝父母暴力式的管教，开始放任自己。在学校也是天不怕地不怕，不服从管教，不遵守纪律，为所欲为。

三、应对措施

孔子认为教育应该"有教无类"，坚持"因材施教"的原则，因为每个学生都会受遗传、家庭、社会环境等因素的影响，这必然使学生的发展存在个体差异。作为老师，我们应该根据学生的差异和身心发展规律，有的放矢，因材施教，尽可能使每个学生都能得到发展。

加德纳多元智能理论认为"每个学生身上都有一种或多种优势智能"。说明只要老师采用的方法适合学生，激发学生的潜能，每个学生都可以发挥其优势，得到发展。因此，学校和家长应发掘孩子的优点，引导孩子展现潜能。

在和家长见面之后，我了解了小汪的基本情况，并给家长提出了几点建议。

（一）正面教育，正向引导

孩子也是有自尊心的，进入初中后尤其明显，我们要把他们当成小大人来对待，而不能一味地批评打骂，要善于倾听他们的心声。我通过观察，发现小汪除了不爱学习之外，其他表现都很好，是有可塑性的，只是缺乏正向引导。家长要尝试着走进孩子的心灵深处，真正去了解他、关心他。关心不能局限于学习成绩，更应注重孩子的兴趣爱好、理想信念，关心他在学校发生的开心的事，问问他最近有没有特别想去的地方，以朋友的身份与孩子平等交流，赢得他的信任，叩开他心灵的窗扉。

（二）用心沟通，用爱陪伴

陪伴是最长情的告白，我告诉家长，除了生活的重担，更重要的是孩子的未来，孩子需要陪伴，需要倾诉，需要交流，父母要耐心倾听，增进亲子关系，回想和孩子相处的点点滴滴，他们在读书前能够随时陪伴在我们的身边，进入小学后就只能一天一见，读高中就是一周一见，读大学之后就是一学期一见，工作后就是一年一见，甚至几年一见。与孩子相处的时光有限，现在为何不珍惜难得的亲子时光呢？事业上有再大的成功，也弥补不了教育的失败，也挽救不了孩子的一生。更何况小汪现在需要父母的陪伴。作为家长，每天都应和孩子交流，倾听孩子的心声，走进他们的内心世界，了解他们的喜怒哀乐。

（三）认可孩子，接纳不足

心理学家罗杰斯说过："爱是深深的理解与接纳。"高山固然有它的雄伟，小丘也有它的秀丽，大海固然有它的浩瀚，小溪也有它的婉约，所以无论孩子是高山还是小丘，无论是大海还是小溪，他们都有美丽的姿态。作为父母，要接纳孩子的不足，要正视孩子的问题，并加以正确的引导，比如作业错误率高、做作业懒散敷衍、上课走神、不会记笔记等问题，家长不要一味打骂，只要孩子在改变、在进步，我们就要鼓励孩子，给他信心。棍棒教育解决不了问题，打骂孩子得不到理想的教育效果。当我们接纳孩子的不足时，当爱在彼此心间流动时，孩子会在脆弱时学会坚强，在难受时看到希望，在伤心时感受到支持。

教育是一种爱的艺术，每个孩子都是独立的个体，每个孩子都有自己的闪光点，我们要认可孩子，接纳不足，用爱去感化他，发现他的优点，给他信心。

（四）默默付出，静待花开

每个孩子的花期是不一样的，有的孩子的花期是在春季，是一朵迎春花；有的花期在夏季，是一朵荷花；有的花期在秋季，是一朵秋海棠；有的花期是在冬季，是一朵腊梅。还有的孩子，可能穷尽一生都没办法开花，但他会长成一棵参天大树。人生是一场长跑，我们又何必非要争个朝夕，急于求成呢？小汪内心是追求进步的，他渴望得到大家的认可。只是他在之前的成长过程中，缺少爱与理解，与父母之间缺少沟通交流，让他逐渐丧失信心，父母粗暴的解决方式更是让他放弃了向上的动力。其实，父母最应该做的是默默付出，静待花开，给时间让孩子成长，早晚有一天他会绚烂开花，长满果实，独自迎接人生的洗礼。

四、效果呈现

（一）学生的成长

经过和家长的共同努力，小汪发生了很大改变。首先是行为习惯发生了改变，小汪在课堂上的坐姿端正了，能够按时交作业，虽然质量不高，但是可以看出他端正的态度，他在努力，他在进步，他想变好。另外，我的课堂上他开始主动举手了，说明他已经融入课堂了，有了这个好的开端，何愁他的成绩没有进步？

在每周的周记中，他还会分享一些家里的开心事儿，这说明他的家庭氛围在变好，我也会每周与他交流，问问他在家的情况、周末的安排、学习上的困难。我不求他在学习上有质的提升，但愿他做一个三观正、行为端的有志少年。

（二）家长的转变

小汪的父母最大的变化在于会抽时间陪伴孩子，小汪妈妈说以前她只知道挣钱，忽视了孩子。小汪妈妈决定每天提前回家给孩子准备可口的饭菜，并开始关心孩子的学习与生活，周末带孩子去旅游，见识广阔的天地。小汪爸爸重新找了离家近的工作，他表示，事业再成功也挽救不了教育的失败，挣再多的钱也弥补不了孩子成长路上父爱的缺失。孩子才是最大的投资，要花更多的时间在孩子身上。他还说，把孩子管好了，其实就是在挣钱，把孩子管好了，让他有更好的未来，才是父母应该努力的方向。小汪父母的转变让我看到了爱的力量。

五、总结反思

（一）解决问题需要有咬定青山不放松的精神

每个班级都会有棘手的学生，但是任由学生带着问题行为发展，学生的问题行为只会像滚雪球一样越滚越大。老师面对这一类学生时，需要有咬定青山不放松的精神，迎难而上，分解困难，各个击破；同时也要有技巧，追根溯源，从根源上解决问题。比如小汪，若放任其发展，这个孩子的未来无法想象；但及时纠正小汪的问题行为，他的人生便会有不一样的风采。

（二）聆听家长心声，转变家长教育观念

学生的问题其实是家庭问题的反映，学生存在问题，一定程度上是由于家庭关系不和谐，家长教育方式不恰当。老师是学生问题的发现者，是家校合作的联结点，也是改善亲子关系的关键人，我们要适时地与家长交流，转变家长的教育观念，给他们提供科学的教育技巧，引导他们正确处理家庭关系。小汪的父母是在棍棒教育下成长起来的一代人，他们也只了解这种粗暴的教育方式，所以在对待孩子的问题上，他们没有更多的教育技巧。因此，老师需要帮助他们转变教育观念。

六、专家点评

此案例体现了三个教育理念：爱是唤醒与理解、教育需要感化、教育是慢的艺术。

（一）爱是唤醒与理解

著名哲学家雅斯贝尔斯在《什么是教育》中指出："教育的本质意味着，一棵树摇动另一棵树，一朵云推动另一朵云，一个灵魂唤醒另一个灵魂。"案例中的小汪缺乏家庭的温暖、缺乏家人的理解，作为老师，我们要用爱去唤醒他，作为朋友去理解他。案例中的老师让父母认可孩子、接纳孩子的不足正是用合理的方式去唤醒孩子、理解孩子。小汪感受到了父母的改变，感受到了父母对自己的重视，于是慢慢地有了改变。

（二）教育需要感化

陶行知老先生特别注重感化教育，他曾经在处理一个犯错的孩子的时候，用第一块糖奖励犯错的孩子能够准时到达办公室接受批评；用第二块糖奖励孩子尊重自己，因为孩子在听到陶老先生的制止声时，及时住手了；用第三块糖奖励孩子动手打人是因为对方欺负女生，说明孩子有正义感；用第四块糖奖励孩子在接过前三块糖后泣不成声地主动认错了。陶行知先生出其不意的奖励式感化教育，轻而易举地攻破了学生的心理防线，所以我们在教育过程中要以平等的心态、朋友的身份去教育孩子，而不能训斥、苛责、打骂，要换位思考，通过启发来引导孩子，很多时候感化比惩罚更有力量，理解比批评更有效果。正如案例中的小汪父母，在孩子犯错时，总是归咎于孩子不懂事，处理方式只有批评与打骂，久而久之，孩子已经对父母的管教方式不服气了，他开始对抗，长此以往只会加剧矛盾。经过指导，小汪的父母开始转变教育方式，抽出时间陪伴孩子，用行动去感化孩子，问问孩子的兴趣爱好，带孩子出去散心，一步一步走进孩子的内心世界，孩子也不再设防，接纳父母，改变了自己。

（三）教育是慢的艺术

教育是心灵的对话，是心心相印的活动，是以心激心、以情激情的活动。在教育的过程中要放慢教育的脚步，给孩子时间与空间成长，让孩子在老师和家长的欣赏中扬起前进的风帆。我们应在等待中享受孩子成功的喜悦。案例中的老师给家长讲了教育花期论，让家长明白自己的孩子有可塑性，明白自己的孩子可以变得更好，只是需要时间慢慢引导，作为家长应该做好后勤工作、做好倾听者、做好情绪疏导者，默默付出，静待花开。小汪的家长也重视起来，对孩子不再是拔苗助长，而是接纳孩子的不足，他们相信自己的孩子就算是一棵铁树，永远不开花，但是他经过岁月的洗礼肯定能挺立在风雨中茁壮成长，这就足矣。

18 潜移默化地改变阿斯伯格综合征孩子

一、情景再现

（一）问题表现

刘同学是个沉默寡言的孩子。大多数时间，刘同学在自己的座位上拿出本子进行涂鸦，课堂上老师提示重点笔记也不记。尤其是面对语文和英语这种语言类的学科，刘同学甚至不愿动手答题。室外体育课就站在原地不动，体育老师呼唤他的名字也不应答。

刘同学在学校就餐时不吃任何蔬菜和水果，只吃白米饭。面对老师对这些事情的询问，他眼神中透露出深深的疑惑和不解，时常快速眨眼，偶尔盯住老师的脸，好像在研究老师的表情和话语到底是什么意思。

他在课间偶尔和同学们聊一聊游戏，尽管同学们都不怎么回应，但是刘同学依然可以滔滔不绝地讲下去，他似乎并不关心别人有没有在听。有一次，因为同学收作业时不小心弄倒了他的书，他情绪激动，大打出手。另有一名同学想请教他数学问题，夸他"数学大佬"，也被他认为是对他的一种冒犯。当同学提醒他不要乱扔别人的书本时，他也选择通过殴打同学来发泄情绪。其实，他很想在学校交到朋友，却很难加入孩子们中间。

我发现了这些问题，要弄清楚问题的根源，还得询问刘同学的家长，了解他的过往经历及居家情况。

（二）追溯童年

在刘同学小的时候，如果遇到别的小孩抢他的玩具，他会毫不客气地推开这个小孩，直到把自己的玩具拿回来，丝毫不考虑对方的年龄有多小。在幼儿园和小学阶段，他时常和其他小孩打闹。

他在小学三年级时开始出现偏科现象，对数学特别感兴趣，而对语文、英语这类学科很不擅长且不愿意完成相关的学习任务。

每当家人询问他和他人相处或与学习相关的话题时，他总是沉默，不愿意用语言来表达自己心里的想法。

我疑惑，既然这些问题早就出现了，家长为何没有早点带孩子接受专业的检查呢？

二、案例分析

（一）疏导检查

刘同学的家长一开始不愿带他进行专业的检查。他在校也没有什么朋友，也就意味着他找不到倾诉的对象。我请求学校的心理老师一起不定期地帮忙疏解他的压力，挤出课间时间在我校的"生命绿岛"与他沟通近期的学习和生活情况。

经过多次家校沟通，伴随刘同学多次在校动手打同学，他的家长才同意带他前往医院进行专业检查。医生初步诊断为社交交流障碍、注意缺陷与多动障碍。后期经过更加专业的检查，医生判定刘同学患有阿斯伯格综合征，伴随社交交流障碍、注意缺陷及书写和阅读障碍。

（二）家庭环境

刘同学是家中独子，他的父亲经常在外出差。为了方便照顾他的生活，他的母亲选择了自由职业，在家陪伴他的时间更长，教育任务基本由他的母亲完成。他的母亲不善言谈，且对他的要求一直比较严格，每晚不管花费多少时间，他都必须完成当天的作业。各科的成绩也必须跟上，不然就是一顿打骂。

就刘同学的教育问题，父母的观点有明显分歧：母亲认为初中三年非常重要，必须抓紧时间努力学习；父亲的观点是快乐教育、快乐学习，刘同学来学校能学多少是多少，作业能做多少是多少。父母为此在家里争吵了无数遍，多次发生家庭矛盾。在诊断结果出来前后的一段时间，他的母亲会因为他的学业和人际关系焦虑不安，整夜不眠。

在这种高压环境下，他不断抗拒学习，拒绝与人交流。去年春节回家，他已经不愿意和平时聊得来的哥哥姐姐们聊天了，而是选择一个人待在家里。学校组织的研学活动，他也不愿意参加。

后来，他干脆不愿意返校上学，如果家长不让他玩手机或电脑，他甚至会采取用头撞墙的行为，逼迫父母让他上网打游戏。所以我认为他父母的教育方式是存在问题的。

三、应对措施

在压力和变化的状态下，阿斯伯格综合征少年的症状会更明显。尤其是在中学阶段，家长、老师对他的期望和他所处的环境有了较大变化。刘同学在小学阶段或许适应得较好，但到了青春期这个特殊时期，友谊、学校生活以及自身认知的急剧改变，导致了一系列危机。

（一）改善环境，减轻焦虑

我们不妨从改变家庭环境入手，根据刘同学的实际情况，营造一个更适合他的成长环境。

1. 共读书籍，科学应对

我邀请家长阅读关于阿斯伯格综合征的相关书籍，以期采取更科学有效的措施应对孩子的行为。在专业医生的建议下，我和刘同学的父母选择共读《阿斯伯格综合征完全指南》，并不定期进行交流。比如，此书中提到："到了青少年阶段，一个阿斯伯格综合征少年可能会越来越表现出计划和管理能力上的困难，越来越不能按时完成作业。"所以，我建议家长尝试改变教育观念，降低对刘同学在学业方面的要求，抓住孩子的兴趣点。在此案例中，我发现刘同学对数学、物理这类学科特别感兴趣，家长可以多购买与这两门学科相关的书籍，让孩子在家学习，以减少对电子游戏的依赖。

2. 平和心态，减少焦虑

我也建议家长培养孩子的生活技能，比如每天早起叠好自己的被子，饭前洗手，饭后收拾自己的餐具，洗完澡后清洗自己的衣物等。首先对自己负责，才能有对他人负责的意识，遇到事情才会选择用更平和的心态来处理，而不是一上来就选择用暴力解决问题。同时，我们也需要探寻不同的策略，来缓解刘同学在社会情境中的焦虑。

班杜拉的观察学习法认为，人的行为模式实际上都来自观察别人的行为及其后果，来自替代性经验；他还以行为、人的内部因素、环境影响的交互决定论来解释学习的人性基础和行为的因果关系。

基于此，我建议家长利用刘同学喜欢的电视或网络节目，特别是情景喜剧以及科幻节目来解释各种社会行为，引导他理解哪些话说出来是表达对别人的赞美，哪些话说出来会对别人造成伤害。同时鼓励他先从家人开始，进行限定时间长度的社交活动。他母亲在听取了该项建议后，抽空带孩子回了老家，让他和曾经最喜欢聊天的哥哥姐姐们一起生活了一段时间。

3. 陪伴运动，建立自信

我通过观察发现，只要让刘同学在看清楚动作的同时，偶尔获得一两次夸奖，很多体育动作他是完全能够做好的，所以我建议家长在家也要陪伴他多做简单的室内运动，这里说的陪伴运动并不是指团队运动，最好是一些单独的运动项目，这能让刘同学有独自练习的时间。

关于运动的项目，我也建议家长多列出几种，多多尝试，直到他选出自己最喜欢的那一项。比如一些能够提高耐力的基础跑跳活动，又或者是能够锻炼身体所有肌肉群的游泳训练，能够帮助手眼协调的斯诺克也是不错的选择。

这样既能消耗他的能量，缓解他的焦虑，又能帮助他建立起在运动方面的信心，如果在某项运动中有出色的表现，也可以增强他的自信，说不定还能结交到志同道合的朋友；同时，适当的运动还能帮助刘同学养成健康的饮食习惯和规律的生活作息。

家庭要发挥好第一课堂的作用，培养孩子的健康心态、优秀品格、实践能力，唯有先改善孩子所处的家庭环境，才能促使孩子在整个发展生涯获得成功与满足感，获得有质量的生活。老师是家长和孩子间的润滑剂，是亲子关系的联结点。此案例中老师及时与家长取得联系，反馈孩子在校的种种情况，家校形成良性的互动，有效地帮助家长改善了家庭教育环境。经过以上措施，刘同学和家人的关系得到了改善，接下来刘同学母亲每周反馈回来的信息都是孩子在家一切都好，和家人的相处也没有之前那么紧张，对电子游戏也没有之前那么迷恋了，每天能够做一些家务和运动，只是依然不愿意出门。

（二）因材施教，技巧引导

我告知任课老师刘同学的具体情况，让任课老师们可以提前警觉和预防，并适当降低对刘同学学习上的要求。

鉴于刘同学的特殊情况，老师们在与他沟通时尝试用描述型、观点型、指示型和控制型的语句编写"社会性故事"，让刘同学从故事中明白学校规则和社会规范，逐渐改变他的认知。

如碰到突然下雨的天气，刘同学不肯到室外排队集合上体育课。我就编写以下故事：

如果下大雨了，同学们都在教室里（描述），我也在教室里和同学一起等待老师（指示）。如果只是像加湿器那样的细雨（控制），不会打湿我的衣服（描述），我可以去操场先排队（指示）。我能迅速集合（指示），老师一定很高兴（观点）。

老师更要引导班里的其他孩子，有技巧地和刘同学进行交往，不做出让他感到不舒服或者冒犯的行为，多对刘同学笑一笑。

（三）同伴关护，长期提醒

在班级里寻找时常释放善意又体贴的学生作为刘同学的同桌或者关护人。让该同学了解刘同学的行为特征和对应的应对技巧，在刘同学可能出现问题行为前用带有提示的表情、手势或温和的语言舒缓刘同学的情绪，防止刘同学问题行为的发生，并协助老师按周追踪、记录刘同学的行为情况，做好长期的关护。

（四）绘画与涂鸦，鼓励表达

刘同学平时就很喜欢绘画、涂鸦，既然刘同学不能用合适的语言表达自己的感受，我们就支持他通过绘画以及解说绘画作品的过程表达情感，将自己的感受展示出来，并让他人知道刘同学的绘画作品所代表的各种情绪。

四、效果呈现

（一）家长的转变

在医生和老师的共同努力下，刘同学的母亲已经逐渐接受刘同学是阿斯伯格综合征少年的事实，开始尝试转变自己的教育观念，关注孩子的兴趣点在哪里，比如数学、计算机、绘画等。父母的教育目标达成一致，尽量给刘同学提供一个轻松愉快的家庭氛围。

（二）学生的成长

从诊断结果出来开始进行长期关护、实施干预至今，虽然刘同学返校时间变短，但是情绪问题发生的频率降低了。刘同学通过社会性故事，慢慢转变了自己固有的认知，能够承担责任，也在父母和老师的帮助下，开始理解社会规则和掌握生活技能，提高了社会适应能力。

五、总结反思

（一）找准根源，科学陪伴

没有任何外貌特征能区分阿斯伯格综合征少年和其他孩子，他的智商正常，也可能高于其他小孩。比如说刘同学表现出的对数学的热爱与擅长。

一旦察觉出什么，老师应当建议家长带孩子前往医院做专业的诊断。刘同学的父母在孩子接受诊断后，知道了他不同寻常行为的根源。现在，全家可以从医生、相关书籍和互联网得到帮助,这不仅让刘同学的父母做好了情绪管理,也能让他们在面对一些突发情况前做好心理准备。现在,家长和老师都能理解刘同学在学业和社交的双重压力下的困惑和挣扎,也会表现出更多的包容和鼓励,而非批评。

(二)接纳不足,树立信心

对于中学生来说,尤其是患阿斯伯格综合征的青少年,信任是确保多数活动顺利开展的基础。面对阿斯伯格综合征青少年,我们要紧紧围绕他的特点和需求进行干预,避免他处在一种让他无法理解的高压环境中。他在获得安全感的前提下,他的情绪会更平稳,也更愿意听取建议并参与活动。比如刘同学,我从他喜欢的数学入手,帮助他更好地树立信心。选修课也是刘同学根据自己的喜好选择的,充分激发了他的学习动机与兴趣。

我们仍需以正常的态度对待患阿斯伯格综合征的青少年,要让他们觉得自己并非异类,只是在某些方面有些不同。我们要努力发现他们的优点并帮助他们树立信心,同时教育他们学习社会生活的知识,让他们明白每个人都应当承担义务和责任。

六、专家点评

此案例体现了三个教育理念:教育不是灌输、尊重个体差异、促进全面发展。

(一)教育不是灌输

《小王子》的作者说:"如果你想让人们造一艘船,不要雇人去收集木头,不要发号施令,也不要分配任务,而是去激发他们对海洋的渴望。"培养孩子也像造船一样,家长和老师应成为孩子的指路人,而不是发号施令的统治者。案例中刘同学的母亲最初严格要求刘同学,每天必须完成各科的作业,哪怕是完全不感兴趣的语言类学科。她后来转变了教育观念,营造了更轻松的家庭环境,减轻孩子的焦虑,更多地关注孩子的爱好,调动刘同学的内在驱动力。适合的教育才是最好的教育。

（二）尊重个体差异

世界上没有一样的树叶，每个学生也都不一样，存在着各种差异。了解和尊重学生的个体差异，是因材施教的必要前提，老师只有深入了解每个学生，才能根据学生的不同情况设计个性化的教学方案。在刘同学的案例中，既然他难以用语言表达自己的情感，老师就支持他用绘画、涂鸦的方式宣泄自己的情绪，并结合他喜爱的数学学科，开设选修课程，调动他学习的积极性，高度重视刘同学的主体性。

（三）促进全面发展

自古以来，从"兴于诗，立于礼，成于乐"，到"欲文明其精神，先自野蛮其体魄"，再到"要求人心净化，先要求人生美化"，都道出了同一个道理：要不断提升学生的综合素质，使其得到全面而丰富的发展，除了关注并发展学生的兴趣爱好，老师和家长也应注重培养他们的生活技能、运动能力和责任意识，努力让学生拥有更多人生出彩的机会。

19 子女是箭，父母当弓

一、情景再现

（一）惊魂一夜

"砰砰砰……""你开不开门？再不开要踹门了！"

"不开，就是不开！你敢踹，我就……"

这就是小刘爸爸给我讲述的惊魂一幕。

"李老师！我女儿要采取极端行为！怎么办，怎么办？她已经把自己反锁在卧室里12个小时了！怎么敲门她都不开，她说要采取极端行为！"

"卧室窗户安防护栏了吗？"我问。

"没有啊！所以我害怕呀！"

"联系妈妈了吗？孩子跟妈妈亲，赶紧让妈妈过来劝劝！"

"我不想给她打电话！"

"女儿的命重要还是你的面子重要？"我着急地提高了音量。

"那……好吧，我马上打电话。"

以上这番通话发生于晚上11：30，我都已经哄儿子睡着了，却被急促的电话铃声吵醒。

凌晨12：02，家长给我打电话说，女儿的妈妈赶过来了，正在隔着卧室门和女儿交流，女儿的情绪平静下来一些了，但是还是坚决不肯开门。

还好！只要愿意交流，就有缓和事态的希望，而且，女儿和妈妈的关系一向都亲近，这一晚总算能平安度过了。但是，这一家人要熬过一个不眠之夜了。

(二)事情缘由

事情的缘由是这样的:中午,爸爸让小刘炒一个番茄炒蛋。小刘把切成碎丁的番茄和蛋液搅拌在一起,准备将油烧熟了就下锅。爸爸站在小刘背后监督,说应该先把蛋液下锅炒熟,然后用铲子铲开,再倒切碎的番茄丁一起炒。

本来两种做法都可以,只是小刘的做法会让鸡蛋不成形,炒熟的是可以做盖浇饭的浇头。爸爸非得让小刘把炒好的菜倒掉,按自己的做法来,先将蛋炒好,再下番茄。

一来二去,父女俩大吵一架。爸爸开始秋后算账,数落女儿的诸多不好:理科学得不好、书写潦草、不整理房间……这也不行,那也不好。女儿一气之下,饭也不吃,冲回卧室反锁了门,任爸爸在门外面辱骂、咆哮,就是不开门。

就为番茄炒蛋怎么炒,一件小小的家务事,最终导致了一场激烈的家庭冲突。

二、案例分析

(一)破碎的家庭

小刘的父母天天吵架,最终在小刘3岁时以离婚收场,一拍两散,女儿判给了父亲,母亲每月给3 000元抚养费。

小刘的父亲一直没有出去找工作,父女俩就靠着3 000元生活费为生。

(二)父亲简单粗暴的教育方式

父亲常监督女儿做事,监督时非常严肃、苛刻,甚至暴力。比如在练书法时,父亲在旁边像无情的法官一样看着她。如果她做得不合父亲的心意,父亲就会突然间攻击她,要么打掉她的笔,要么把纸拿起来撕掉,同时还吼她,有时甚至会打耳光,肆无忌惮地指挥、控制、攻击孩子是常态。

家长对孩子的控制容易引发孩子的逆反心理。家长在教育孩子的过程中,总是难免将自己的人生经验告诉孩子,希望孩子少走弯路。家长会把自己的观念灌输给孩子,强迫孩子按照自己的想法去做,习惯性地控制孩子。孩子处于儿童期时,父母的控制往往还有效,但是进入青春期后,往往适得其反。家长不但不能让孩子按照自己的想法去做,反而容易使孩子产生逆反心理。

(三)女儿进入了青春期

青春期的孩子有很强烈的自我意识,渴望独立、渴望被尊重。青春期又被称为"疾风骤雨期",青春期的孩子比较叛逆,往往与家长、老师背道而驰,还会出现抵触、叛逆的心理和行为。

在人的成长过程中,有两个重要的反抗期。第一个是在2~4岁,这个时期儿童的反抗主要表现在身体方面。第二个反抗期是青春期,在初中时表现得更突出。孩子这时的反抗是逆反心理导致的,主要是为了获得独立和尊重。研究表明,中学生与父母之间的亲子冲突几乎无法避免,有一定冲突是正常的,中学生正是在冲突中不断成长起来的。亲子冲突会带来消极影响,但也存在积极的作用,有利于中学生自我同一性的发展。孩子在与父母的冲突中逐渐形成了自己的观点,自主性逐渐增强,能对父母作出更为客观的评价。青春期的迷茫也是每个孩子在成长过程中都会遇到的困惑,这是自我同一性发展的表现,而建立自我同一性是青少年期最重要的任务。自我同一性是美国心理学家埃里克森最早提出的,是指个体尝试把与自己有关的各方面综合起来,形成一个自己决定协调一致不同于他人的自我,是对"我是谁""我将来的发展方向"以及"我如何适应社会"等问题的主观感受。自我同一性包含对自我的确认和对有关自我发展的一些重大问题(如对理想职业、价值观、人生观等)的思考,能为青少年提供意义和方向感。自我同一性的建立意味着对自己有充分的了解,能够把自己的过去、现在和将来组合成一个有机的整体来思考,确立自己的理想与价值观念,对未来发展做出自己的思考和规划。

(四)"听话哲学"背后的荒谬逻辑

父亲暴怒,认为女儿不听话。父亲的"听话哲学"意味着:你必须听我的话,在"我们"这个共生关系中,"我"的声音才可以存在,而

"你"必须配合"我",听"我"的。

父亲的"听话哲学"背后的逻辑是:

1. 我认为这件事很容易;

2. 你应该按我说的做;

3. 你怎么表现得这么差;

4. 你是在故意和我对着干;

5. 这是有主观恶意的;

6. 这种主观恶意,我如果接受了,会感到很羞耻,我是你的家长,所以绝对不能接受;

7. 我必须回击,惩罚你的恶意;

8. 所以你必须向我道歉。

父亲常常以这样的逻辑去逼迫和攻击孩子,如果孩子不听话,父亲就会陷入暴怒状态。一直被要求听话的孩子,精神生命会逐渐被扼杀,这是一种严重的病态共生关系。

三、应对措施

(一)爸爸"走出去"

肆无忌惮地指挥、控制、攻击孩子的父母,多数是在现实生活中几乎什么事都做不好的人。他们不能在自己做的事或人际关系中享受到掌控的感觉。可他们在面对孩子,特别是教孩子时,就可以享受这种感觉了:我如果顺利地教会了孩子,我就觉得:"哇,你看我是多么伟大的父亲(母亲)!"如果孩子没学会,我就暴怒,在肆无忌惮地指挥、控制、攻击孩子时,我感觉到自己太强大、太有权力了,我要让孩子知道"你看你多么糟糕"。

爸爸名牌大学毕业,可是,当工厂破产,自己失业后,就一直在家待业,失去了社会角色,长期只有家庭角色,对生活失去了掌控感。如果爸爸尝试"走出去",重新跟社会接触,在社会上找到自己的定位,担任某种社会角色，重拾对生活的掌控感，哪怕挣钱不多，也会改善自己的处境，纾解被社会边缘化的压力。这样的话，在亲子关系中，对孩子的指挥、控制、攻击就会减弱甚至消失。

（二）妈妈"请走近"

父母即使离婚，也可以共同抚养女儿。父亲没有再娶，母亲也没有再嫁，母女关系一直很融洽，母亲可以更多地参与到对青春期女儿的陪伴和引导中来。

母亲独自打拼到可以自己开办一家美容院，事务繁忙，但可以让女儿假期去母亲的美容院，这样在拉近母女二人空间距离的同时，也可以拉近心理距离，使孩子获取满满的爱和安全感。暂时与父亲的分别也可以缓和紧张的亲子关系。

（三）女儿"要冷静"

在分别对小刘的爸爸妈妈进行了心理疏导后，我又对小刘进行了心理访谈。

据小刘讲，爸爸太讨厌了，什么都要管，自己做什么都不对，爸爸随时都在监视、责骂自己，自己都压抑、愤怒到要崩溃了。如果昨天晚上妈妈不赶过来，如果爸爸继续辱骂、真的踹门的话，自己真的就……跟爸爸待在一起太憋屈了。

小刘在班上是个爱表现的学生，积累了很多历史典故，非常愿意在课堂上举手，分享她的课外积累，但是，她常常不能意识到自己的分享超时是否会影响老师的教学进度，自己的频繁分享是否会引起同学的反感。她曾经当过一段时间语文科代表，但是从办公室抱作业本回教室，她却没有发放给同学，她说，应该由同学自己来领，凭什么让她把作业本送到同学手里去。

我充分肯定了小刘的诸多优点：课外阅读量大、文史知识广博、乐于分享；在专家讲座与听众互动环节敢于在全年级老师和同学面前举手，并清晰流畅地表达观点；面对记者的单独采访毫不怯场，在镜头前侃侃而谈，如数家珍；能体会爸爸的苦心，说自己这么丰厚的文史知识都是爸爸陪着阅读或朗读日积月累而来的。

我也给小刘介绍了心理学上的ABC理论。

ABC理论是由美国心理学家埃利斯创立的。该理论认为激发事件A（Activating events 的第一个英文字母）只是引发情绪和行为后果C（Consequence 的第一个英文字母）的间接原因，而引起C的直接原因则是个体对激发事件A的认知和评价而产生的信念B（Beliefs 的第一个英文字母），即人的消极情绪和行为障碍结果（C），不是由某激发事件（A）直接引发的，而是由经受这一事件的个体对它不正确的认知和评价所产生的错误信念（B）直接引起。错误信念也称为非理性信念。

爸爸对小刘的诸多指摘、干涉，不是因为他是个坏爸爸，不是因为他要故意打击、压制女儿，而是因为他望女成凤，所以倾尽心力，但是他有非理性信念，就是女儿应当事事做得完美。爸爸诸多言行的背后，其实是：

"世间爹妈情最真，泪血溶入儿女身。

殚竭心力终为子，可怜天下父母心！"

小刘也检讨，自己确实不爱整理房间，不擅长做家务。平时做饭洗衣都是爸爸包办代替，以后自己要在家务活儿上多留心。

我也引导小刘要更多地意识到：在走路的时候，要记住路上还有别的人行走。为人处事，要注意是否会对别人造成影响，如上课分享是极好的，但能否控制好时间，时间太长会影响课堂教学的进度和效率。

四、效果呈现

小刘的爸爸走出家门，找到了一份工作，既可以有时间接送女儿，也能融入周围的环境，虽然收入不高，但最重要的是能胜任工作，有固定的收入，能参加社会性的活动，焦虑、紧张、着急、暴躁的情况减轻、变少了，而且通过跟同事的相处与交流，本来觉得对女儿的抚养与教育问题很重，不知如何应付，现在觉得有了头绪，而且感到自己掌握了处理困难的要领，对女儿的教育感到放心些了。

小刘的妈妈在周末和长假将女儿接到身边，既享受到了温馨的亲子时光，又慢慢引导女儿统筹管理时间，在有限的时间里高效地处理事务，学习摆放物品、叠放衣物，保持环境的整洁有序。

小刘在语文课堂上仍然愿意绽放光芒，因为她感觉老师能看见自己的光。可喜的是，小刘可以控制自己分享的时机与时长，比较体贴、谅解老师和同学。放学后，小刘跟来接自己的爸爸手挽着手去买第二天的早餐，又手挽手地回家。她说，爸爸变得温和慈爱了，自己也慢慢学会体贴关心爸爸了。

五、总结反思

（一）关于亲子关系

指责不是爱，而是亲子关系的杀手，很多父母满口是爱，却面目狰狞，和孩子相处时硝烟弥漫。

其实，对于孩子来说，父母是他们最喜欢最亲近的人，可是太严厉和强势的父母，会把和孩子原本亲密的亲子关系逐渐地拉开，产生距离甚至出现难以修补的裂痕。随着孩子年龄的增长，这种裂痕会越来越大。

很多父母会发现，渐渐长大的孩子变得越来越叛逆，越来越敌对自己。伤心之余，却从来不思考自己的教育方式是不是出了问题，才让孩子对自己如此抗拒和反感。父母的强势行为，让孩子感觉不到父母的爱和温暖。孩子常常觉得，父母从来不理解不关心自己。最终导致孩子与父母之间的误解越来越深，亲子关系恶化。

换一种方式去思考，换一种姿态去陪伴，家庭教育是否会更有效、更美好呢？

（二）关于沟通

沟通需要语言作为媒介，语气不对，说话白费；措辞要柔，关系不愁。跟青春叛逆期的孩子沟通交流，要好好说话，态度真诚一点，语气柔软一点。

说话如水，要"软"，水滴石穿，以柔克刚。说话要"软"，春风化雨，润物无声。柔软的话语像清风，可以化解矛盾增进情感。

现实生活中很多人出于好心，源自好意，但是出口之后，语气不对的话就变了味，明明是关心，却变成了指责。

（三）关于家校合作

家校同心，其利断金。

有一个寓言故事是这样的：好朋友们要共同拉动一辆车。可是，大雁往天上飞，马儿往前跑，屎壳郎朝后推，蚯蚓向土里钻，无论大家如何卖力，这车就是不能动弹分毫。

小故事，大道理。好朋友们没有心往一处想、劲往一处使，所以无法达成目标。

家长与老师的合作，是教育孩子最强大的合力。家校共同努力，才能让孩子朝着好的方向前行，到达成功的彼岸。

在这个世界上，老师与家长本应该是最能互相理解的人，家长与老师共同的心愿都是为了孩子。

家长的支持与配合，就是教育的希望，更是孩子成长中最大的福气。老师与家长的合作，是教育孩子最强大的合力。

这个世上从来都没有不劳而获，孩子的学习靠自身，也靠老师和家长。

其实，孩子的世界很单纯，他们需要的，只是成长中的陪伴与鼓励。那些来自父母的爱，是他们跌倒时重新站起的勇气，带着这些爱上路，孩子的脚步会充满力量。

在孩子成长的路上，陪伴，是最好的教育。

六、专家点评

（一）危机管理、危机干预应成为学校教育的常态

学校应组建危机干预团队，制订危机干预预案，为处于危机之中的学生及家长提供有效的帮助和支持。

危机是指人类个体或群体无法利用现有资源和惯常应对机制加以处理的事件和遭遇。危机往往是突发的，出乎人们的预期。如果不能很快得到控制和及时缓解，危机就会导致人们在认知、情感和行为上出现功能失调以及社会的混乱。

危机干预，从心理学和社会工作实务的角度来看，是一种通过调动处于危机之中的个体的自身潜能来重新建立或恢复危机爆发前的心理平衡状态的模式。危机干预已经日益成为临床心理服务的一个重要分支。

因此，危机管理、危机干预便成为人类处理危机，给处于危机之中的个人或群体提供有效帮助和支持的一种必然的应对策略。

（二）利用心理学认知行为疗法中的ABC理论

案例中的老师为小刘介绍了ABC理论。老师分析了小刘的家庭情况，小刘与父亲之间不和谐的亲子关系，以及小刘父亲偏激的教育方式，认为可以尝试利用该理论，引导小刘父亲意识到自己的信念是不恰当的。案例中小刘爸爸的非理性信念"B"如下：

1. 你本来的状态A是不对的；
2. 你应该进入状态B中；
3. 你进入状态B，我认为是很容易的；
4. 可你就是不进入状态B，你故意在状态A待着，所以你是存心和我对着干；
5. 所以你对我是故意的，我因此要指责你；
6. 你必须道歉，不能辩解，所有辩解都是狡辩；
7. 如果你不道歉、不改变，咱们就没完。

当一个人进入这个逻辑链条时，就看不到以下几点事实了：

1. 任何人本来的状态A都非常有道理；
2. 任何人从他本来熟悉的状态A，进入不熟悉的状态B，都不容易；
3. 别人待在自己的状态里，并不是要和你对着干。

当你对别人进行强烈指责时，其实"你"就是那个破坏者，因为否定对方的本来状态，就是在杀死对方的本来状态。

一个人不能把自己举到空中，也不能通过自己的努力就化解全能感导致的这个逻辑链条。所有活在一元世界里的人，都需要发展到二元世界。

在一元世界，当有让人挫败的事发生时，人就容易失控，然后弄出一堆想象；但是当进入二元世界时，人就会真切地感知到："噢，原来我是我，别人是别人，别人怎么做，有他的道理，并不是在和我对着干。"这时，强烈指责就会自动化解。

（三）利用积极关注技术

给予孩子积极关注。对那些自卑感强，或面临挫折的孩子来说，老师、家长的积极关注往往能帮助他们强化自我认识，全面、客观、准确地认识自己，看到自己的长处，看到光明和未来的希望，从而树立起信心，激发前进的动力。因此老师和家长应帮助孩子挖掘自身的潜能，促进其向目标前进。

实施积极关注技术，老师和家长不应泛泛而谈，而应针对孩子的实际情况，客观地引导孩子认识、分析其现有的不足，同时帮助孩子强化认识，发现自己的优点。

李老师注意到小刘的诸多优点与长处，帮助其树立自信心，激发其前进的内在动力；同时，客观地引导小刘认识、分析其现有的不足。

后 记

党的二十大报告绘就了中国式现代化的宏伟蓝图,也为家庭教育事业指明了发展方向。随着《中华人民共和国家庭教育促进法》的实施,家庭教育指导类的书籍也如雨后春笋般层出不穷。为了理论联系实际并兼顾学生的个性,本书编写团队深入学校,开展家庭调研,面向家长和一线教师征稿。本书历时两年,从1 000多个教育案例中遴选出19个经典案例,历经多次打磨,旨在彰显"培养未成年人积极心理品质"的教育理念,突出科学有效的家庭教育方法,并力求在可读性、可操作性等方面有所突破。我们希望以积极心理学赋能家庭教育,科学引导家长实施正向、适宜的教养方式。书中的每一个案例都是一曲动人的家校协奏曲,都是一首帮助孩子心灵拔节生长的天籁之音。

在本书即将与读者见面之际,我们想借此机会表达心中的谢意。书稿的完成,离不开每一位作者的倾情付出,离不开专家团队的科学引领。

首先,感谢参与每一个案例编撰的团队。参与案例编撰的人员,既有班主任、德育骨干,又有教育科研人员、行政管理人员,还有家长。大家从不同的角度剖析教育案例,从不同的维度指导家庭教育。你们是辛勤耕耘在教育一线的"大先生",你们用爱倾听孩子心灵的声音,用智慧构筑家校这道关爱孩子的屏障。感谢你们的细心和慧心,使得这本书得以成稿。

其次,感谢每一位点评专家。你们的悉心指导,让文稿得以不断优化;你们的智慧点拨,让教育理论之花绚丽绽放。在本书编辑出版的过程中,西南大学心理学部教授、博士研究生导师郭成老师欣然作序,成都市社科院科研处处长、研究员周灵博士，《四川教育》副主编、编审王建强老师，四川师范大学心理学院郭爽博士，认真审阅书稿，进行精彩点评，藉此一并深表谢意。

  合上书页的那一刻，19个孩子天真烂漫的笑脸浮现在眼前；19个案例背后的教育团队温暖的叮咛回荡在耳畔；19个家庭的殷切期盼印刻在心间……责任在肩，再启新程。未来，我们期待分享更多的身边故事，汇集更多的教育智慧，一起助力孩子成长。此书是基于"2022年成都市哲学社会科学规划项目"——《基于未成年人积极心理品质培养的家庭教育指导服务体系建构研究》而编撰（项目编号：2022CZ088）。

  诚请广大读者予以教正。

编　者

2024年9月8日